Anonymous

Hinlängliche Anleitung zur Seidenzucht und zuverläßige Anweisung

mit was für einem allgemeinen Nutzen und besonderem Gewinn dieses Geschäfte betrieben werden können

Anonymous

Hinlängliche Anleitung zur Seidenzucht und zuverläßige Anweisung
mit was für einem allgemeinen Nutzen und besonderem Gewinn dieses Geschäfte betrieben werden können

ISBN/EAN: 9783743378841

Hergestellt in Europa, USA, Kanada, Australien, Japan

Cover: Foto ©ninafisch / pixelio.de

Manufactured and distributed by brebook publishing software (www.brebook.com)

Anonymous

Hinlängliche Anleitung zur Seidenzucht und zuverläßige Anweisung

Hinlängliche Anleitung zur Seidenzucht

und zuverläßige Anweisung mit was für einem allgemeinen Nutzen und besonderm Gewinnst dieses Geschäfte betrieben werden könne.

Ulm, 1767.
bey Albrecht Friederich Bartholomäi.

Sr. Excellenz

Dem
Hoch- und Wohl-gebohrnen
Herrn, Herrn

Cassian Ignatz

Des Heil. Röm. Reichs
Grafen von Entzenberg/

Zum Freyen- und Jöchels-Thurn,
Des Hochen Königl. Apostol. Ritter-
Ordens des Heil. Stephans Com-
mandeur, Ihrer K. K. Apostol.

Majestät 2c. 2c.

Würcklichen geheimden Rath, Ka-
mern, und Präsidenten des Guber-
niums, auch Revisions-Rath in den
Ober- und Vorder-Oesterreichischen Fürsten-
thumen, und Landen 2c.

Meinem
Hoch- Gnädig, und Gebiethenden
HERRN.

Hoch-Gräfliche Excellenz &c.

Sich bis zu den höchsten Ehren-Stellen hinaufschwingen setzet Verdienste zum Voraus, Verdienste, so nur Majestäten zu schätzen wissen, und krönen können. Hoch-Gräfliche Excellenz! Erlauben Sie gnädigst, daß ich mich Hoch-Deroselben mit so seltenen Verdiensten, und besonderen Tugenden vereinigten Persohn näheren, und in tieffester Ehr-Furcht ein Wercke widmen dārf, wovon die Absicht ist jene Befehle gehorsambst zu befolgen, welche Euer Excellenz erfüllter zu sehen so sehr besorget sind, weilen sich der Nutzen davon weiter ausbreitet, als man dencket, und weilen solche zur Glückseeligkeit für das Land, und selbst für die Nachkommene leiten.

Euer Excellenz geruhen dise meine Ergebenheit gnädigist aufzunehmen, und mich mit Hoch-Dero-

Deroselben Protection und Gnade zu würdigen, welches mich aufzumunteren vermögend seyn wird, meine geringe Kräfften bey einigen neben Stunden ferner auf eine vortheilhaffte und brauchbare Arte zum gemeinen Besten anzuwenden. Der Höchste erhalte Euer Excellenz zum grossen Seegen unsers Lands bis auf das spätiste Alter, und lasse Hoch=Denenselben die erprießlichisten Würckungen von Deroselben vielfachen Bemühungen mit reinster Freude erblicken. Ich ersterbe mit tiefister Ehr=Furcht

Euer Hoch=Gräfliche Excellenz

Unterthänig=gehorsamster
der Verfasser.

Erklärung des Abrisses.

Fig. No. 1. ist der Grundriß desjenigen Zimmers, welches man zu Haltung der Seidenwürmer angewendet hatte. Die Grösse war 25. Schuhe lang, 24. Schuhe breit, und 10. Schuhe hoch.

a. ist die Eingang-Thür in das Zimmer.

b. c. d. sind die Fenster an denen dreyen Seiten des Zimmers.

e. f. g. h. und i. bedeutet im Grundriß den Ort, wo die Wände oder Flecken aufgestellet werden, woran man die Leisten gleich einer Bücherstelle naglet, die Latten nach der Länge darauf leget, und also ein tragendes Gerüst verfertiget, um die Würmer-Tafflen darauf zu legen.

k. und l. ist ein nemliches Gerüst, welches man annoch in der Mitte eines dergleichen grossen Zimmers aufrichten kann, um allen möglichsten Raum in einer guten Ordnung zu benutzen.

m. ist nur die Seite des Zimmers angedeutet, von welcher sodann der Profil-Abriß Fig. 2. aufrecht stehend abgezeichnet worden.

Erklärung des Abrisses.

n. n. o. o p. p. zeigen ebenfalls solche obbemeldte aufstellende Wände oder Flecken an, im Fall es beliebig ist, das Gerüstwerk nicht durch die Fenster vorbeylauffen zu lassen, sondern allborten um Erhaltung mehrern Zimmerlichts, oder anderer Bequemlichkeit auszusetzen.

q. zeiget kleinere Tafflen an, im Fall es sich ereignet, daß die Eintheilung nicht genau im ganzen Zimmer herum geschehen könne, gleichwohl man aber gesinnet seye, allen Raum möglichst zu benutzigen. Wenn aber gar alle Tafflen gleich eingetheilet werden können, so ist solches in der Arbeit am allerbequemsten.

r. ist der Ort, wo der gemeine Zimmer-Ofen gestanden, welcher aber zu rechter Genesung der Würmer nicht gebrauchet werden kann, sondern besser ist, wenn sich gar kein Ofen in dergleichen Zimmer befindete.

s und *t.* sind zwey Tisch-Gerüster, um hierauf die Würmer-Tafflen zum bearbeiten zu stellen: sie werden aber mit keiner gemeinen Tischblatten bedecket, sondern nur mit Latten ein Gitter gemacht, damit die Wärme deren sich darunter befindenden zweyen Oefelen frey und ungehindert allenthalben circuliren könne: diese Tischgerüste werden bey

v.

Erklärung des Abrisses.

v. und *w.* etwas entfernet von dem Tafelgerüst gestellet, damit man bequem rund herum gehen könne.

x. nnd *y.* sind nun die zwey bewegliche Oefelein von eisen Blech, wovon das mehrere im Profil beschrieben werden sollte.

N. 1. à 31. zeiget die Tafflen an, in welche die Würmer geleget, und gepfleget werden: sie sind mit samt der Einfang-Leiste 3. Schuh lang, und 2½. Schuh breit. Dieses Zimmer ist zur Seidenzucht möglichst angewendet, indem man bey 4. Unzen Saamen unterhalten, und doch allenthalben hinlänglichen Raum hat, recht bequem und schleunigst zu arbeiten. Finis. Endlich

Fig.

Erklärung des Abrisses

Fig. N. 2. ist das aufrecht stehende Profil von der Seiten des Zimmers m. Fig. 1. damit dieses Gerüstwerk und die kleine bewegliche Defelein um so deutlicher in die Augen fallen können.

a. ist der Fußboden des Zimmers.

b. der Oberboden, oder Deckel des Zimmers.

c. und d. sind die aufstehende Wände oder Flecken, an welche die Querleisten

e. e. e. e. e. gleich einer Bücherstelle angenaglet werden, auf selbe leget, und befestiget man sodann die Traglatten, wie

f. f. f. f. f. anzeiget, und auf diese werden die Tafflen darauf geleget.

g. h. i. k. l. sind nun die 5. Reihen, oder Stellen der Tafflen übereinander, und zeiget, wie weit eine von der andern entfernet wird, nämlich 1. Schuhe 6. à 8. Zoll.

m. m. sind eben zwey Wände, oder Flecken, welche man bey den Fenstern aufrichtet, im Fall man das Gerüst nicht ganz durchlaufen lassen, sondern aussetzen will.

n.

Erklärung des Abrisses.

n. zeiget, daß man das Gerüst entweder ganz durchlauffen, oder ganz aussetzen, oder aber nur die oberste zwey Stellen durchlauffen, und die untern drey aussetzen könne, alles, wie es nur beliebet.

o. ist nun der Durchschnitt eines kleinen beweglichen Ofeleins von Eisenblech verfertiget. Man hat, nur um Deutlichkeit willen, dieses besondere Profil in den obern Stock gesetzet, damit das Gerüstwerk im untern Stock nicht unordentlich gemacht, und klar in die Augen fallen könne. Dergleichen Oefelein wird nun von sogenanntem Schlosserblech gemacht, auf 4. Füß gesetzt, und inwendig kann solches, besonders im untern Kasten, das ist, bis zu dem inwendigen Blech mit Mauer-Ziegeln und Leim gut ausgefüttert werden, so hält solcher die Hitz länger, und brennet aussenher nicht so stark die Kleider, wenn man daran gehet.

q. ist das Einschür-Loch oder Thürl dieses Oefeleins, und es befindet sich auch innwendig in der Höhe von $1\frac{1}{2}$. Schuh ein Blech, oder Boden, welcher von etwas dickern oder stärkern Eisenblech gemacht, und wie ein Deckel allenthalben an innwendigen Ofen anschliessen muß, ausser bey der Seiten gegenüber stehet solches bey 6. Zoll weit davon, damit Flamm und Rauch hinauf und

Erklärung des Abrisses.

und hinein in das aufgesetzte blecherne Rohr ziehen kann, welches Rohr sodann, wie

p. zeiget, durch eine Fensterscheibe bey dem nächsten oder bequemsten Fenster hinaus geleitet wird. Ein dergleichen Ofen kann mit Kohlen oder Holz gefeuret werden, nachdem es der ausleitende Rauch zuläßet.

r. ist ein starker eisern Drat, wo die Traglatten in der Mitten im Oberboden des Zimmers aufgehängt werden, um das Einbiegen zu verhüten, oder man kann auch eine Stütze oder Latten vom Boden aufrichten, und dadurch alle Traglatten unterstützen,

s und t. zeiget ebenfalls einen eisernen Drat an, wo die Rauchröhre des Oefeleins daran hänget. — Finis.

Vorbericht.

China ist das Vaterland der Maulbeer-Raupe, oder des sogenannten Seidenwurms. In diesem so glücklichen Morgenlande, als in der hiezu natürlichen Himmels-Gegend, findet sich dieses Geschöpfe auf denen Maulbeerbäumen, wie wir hier andere Raupen auf unsern Bäumen sehen. Eine Chinesische Kayserin, mit Namen LuiSu, hat es, wie die Geschichten melden, ihrer Aufmerksamkeit für würdig befunden, und zuerst für das menschliche Geschlecht zu benutzen gewußt. Sie gab der Maulbeer-Raupe den ersten Werth, und LuiSu gebühret die Ehre der Erfindung, so sich in dem 2697sten Jahr vor Christi Geburt solle zugetragen haben.

Eine so nüzliche Erfindung verbreitete sich nicht lang hernach in die benachbarte Länder; in Europa aber wurde sie erst unter dem Kayser Justinianus eingeführt. Im 12ten Jahrhundert verwendete sich Italien auf die künstliche Seidenzucht, und vermuthlich sind die an Italien gränzende Innwohner des Landes Tyrol (worunter besonders Roveredo berühmt) bald dessen Beyspiele gefolget. Unter **Ferdinandus Carolus** und **Kayser Leopoldus**, damaligen Landes-Fürsten, ergiengen die heilsamste Verordnungen, vermittelst welcher von denen Italiänischen Gränzen weiters fort durchs Etschland herauf die Seiden-Zucht sollte eingeführet werden, welche 1710. erneuert wurden.

Es läßt sich nicht mit Gewißheit bestimmen, was da die wahre Ursache möchte gewesen seyn, warum so preiswürdige Anstalten zur Fortpflanzung der Maulbeerbäume, und Erziehung des Seidenwurms keinen Verfang genommen. Schriftlich ist meines Wissens nichts vorzufinden, mündlich aber giebt man so ein und anders dafür an; also will man, daß sich damals, als man Maulbeerbäume anzupflanzen anfienge, häuffiges
Unge-

Vorbericht.

Ungeziefer sollte eingefunden haben, sogleich entstund eine irrige Meynung, besonders unter dem Pöbel, und die angepflanzte Maulbeerbäume mußten dessen Ursache seyn. Man sagt, daß um diese Zeit viele damals wohlgedeyhende Bäume von denen Unverständigen wiederum sollen ausgehauen worden seyn. Andere geben vor, daß man der Meynung gewesen, die Luft werde durch die Seidenzucht verdorben, und es entstünden dadurch schädliche Krankheiten. Es gehet gemeiniglich so, daß man eine an sich nüzliche Sache gerne mit einer Menge Schwierigkeiten und Bedenklichkeiten umgiebet, und sich von falschen und eingebildeten Dingen, die keinen Grund haben, abschrecken läßt.

Die wichtigsten Bemühungen zu Einführung der Seidenzucht haben Ihro jezt Regierende Kayserl. Königl. Apostol. Majestät, Unsere allertheureste Landes-Fürstin, angewendet, und es scheinet, daß es der eigentliche Zeitpunct seye, da die Seidenzucht bey denen Etschländern empor kommen sollte. Allerhöchst=Dieselbe, besonders für das Land Tyrol allermildest denkende Frau, suchten nach Deroselben

Landes-Mütterlichen Sorgfalt dieses so wichtige Nahrungs-Geschäfte neuerdingen einzuführen, und je mehr und mehr in Aufnahme zu bringen; die Fürsorge wurde einem Allergnädigst angeordneten Commercien-Rath übergeben, worauf verflossenes Jahr von einem Mitglied desselben eine gründliche Anweisung zum Seidenbau im Druck erschienen. Ob mich nun gleich diese und viele andere von der Seidenzucht trefflich gerathene Schriften von einer Seite billigermassen abhalten könnten, noch ein mehrers hievon in Druck zu geben; so habe ich doch auf der andern Seite meine Beweg-Ursachen gefunden. Habe ich das Glück, gelesen zu werden, so schmeichle ich mir, meine Absicht zu erreichen.

Die Allergnädigsten Verordnungen vom 19ten Martii 1764. thaten öffentlich kund, daß diejenige, welche sich um die so gemeinnützliche Seidenzucht beeifern und hervorthun, auch mit gutem Beyspiele die Unterthanen dazu anfrischen, von Allerhöchstem Orte aus mit einem goldenen Gnaden-Pfenning als einem Merkmal der Allerhöchsten Zufriedenheit allermildest begnadiget, und bey anderer Gelegenheit auf ihren dißfalsigen

Vorbericht.

falſigen Verdienſt eine beſondere allermildeſte Rückſicht werde getragen werden. In Erwägung deſſen beeiferten ſich viele meiner Mitbürger der Kayſerl. Königl. Abſicht ein Genügen zu leiſten, derohalben man ſich die vorhandene Maulbeerbäume gleichſam in die Wette zu benutzen befliß. Der Erfolg aber hat gezeiget, daß viele, die ſich dieſem Geſchäfte unterzogen, doch nicht ihren Endzweck zu ihrem eigenen und des Landes Beſten ſo erreichet haben, wie ſie ſelben wohl hätten erreichen können. Dieſes ſowohl, als auch, damit ein ſo wichtiges Geſchäfte bey nunmehro ſo häuffig durch Vorſchub und Anreitzung einer Hohen Landes-Regierung angepflanzten Maulbeerbäumen mehr allgemein, und beſonders von denen Landleuten, möge getrieben werden, hat mich bewogen, ſelbſt an dem Werk Hand anzulegen, und die Seidenzucht nach anderer gründlich gegebenen Vorſchlägen und Anweiſungen zu prüfen, damit ich in Stand geſezt würde, durch eine Anleitung zu zeigen, wie man in hieſigem Orte der Seiden-Raupe glücklich warten möge, und durch eine Berechnung darzuthun, mit was für Gewinnſt man dieſes Geſchäfte treiben könne, nicht unwiſſend, daß eine rechte Belehrung und

Anführung die Sache leicht mache, und der kürzeste Weg seye, etwas in Schwung zu bringen, auch der Eifer dazu erst alsdann recht erfolge, wenn man zuverläßig zeigen kan, daß dem Unternehmer seine Mühe belohnet, und des Landes Nutzen dadurch sichtbarlich verbessert werde. In dieser Absicht will ich also gegenwärtiges zu liefern wagen. Ich denke nichts weniger, als jemanden in seinem theils gemachten, theils anzuhoffenden Glücke, einen Eintrag zu thun; ich bestrebe mich nur, dem Vaterland alle mögliche Merkmale des Eifers zu seiner Aufnahme zu zeigen, ich kan mich derowegen getrost auf meine Freunde berufen, die mein Herz und Absichten kennen und wissen. Diese Liebwertheste sind mit mir von gleichen Gesinnungen, und so offt von Vergnügen durchdrungen, als Sie das Wohl von ihren Mitbürgern befördern können: dergleichen Personen sind gewiß selten, aber eben deßwegen um so mehr zu ehren. Verstattete es nur ihre ausserordentliche Bescheidenheit, zu was Ehre würde es mir gereichen, wann ich deren edle Nahmen insbesondere anführen dürffte? Eine Reihe von Erkenntlichkeiten hält mich schon lang Ihnen innigst verbunden, und da Sie sich sowohl wegen

Vorbericht.

wegen ihres eigenen Vergnügens, als wegen des gemeinen Nutzens gar leicht bereden liessen, mir auch bey der Seidenzucht hülfreiche Hände zu leisten; so kan ich mich bey dieser Gelegenheit nicht entbrechen, Ihnen hiemit meine so lang stille Dankbegierde öffentlich an Tag zu geben. Gleichwie mich nun ein gutes und vaterländisch denkendes Gemüthe zu Bekanntmachung dieser Schrift angetrieben; so lebe ich der zuversichtlichen Hofnung, daß, wo nicht vielen, doch einigen meiner unpartheyischen Lesern hiemit eine Gefälligkeit geschehen werde. Sollte ich dieses bemerken, so könnte es mich anfrischen, durch einen weitern Nachtrag denen Liebhabern dienstgefällig zu seyn.

Zum Beschluß lege ich meinen Lesern die Maulbeer-Raupe als ein vor unsern Augen gering und schlecht scheinendes Geschöpfe im Geist zu betrachten vor, damit sie Spuren der ewigen Weisheit und Güte des Schöpfers sehen und bewundern mögen, ich hoffe hiezu das vollkommenste Recht zu haben. Bey jeder künstlichen Maschine bewundert man den Künstler, um wie vielmehr verdienet die Maulbeer-Raupe bewundert zu werden, da alles so wunderbar dabey angeleget ist, daß es zum bestimmten Nutzen und Endzweck dienen muß. Man betrachte nur die Maschinen, welche in einem solchen Raum zur Bewegung des Leibs, zur Verdauung der Speisen, zum Umlauf der Säfte, zum Empfinden, u. s. w. angebracht sind. Man sehe die natürliche Triebe und Verrichtungen dieser Raupe an, was für eine Menge von Wundern wird man nicht dabey antreffen? Aber was verwundert man sich; sind nicht überhaupt alle Werk der Natur voll lauter Kunst und Weisheit? Wessen Herz soll also nicht in natürlicher Betrachtung der Geschöpfe den Schöpfer zu bewundern und zu verherrlichen gerühret werden? O! könnte ich jedem gleiche Regung beybringen, die ich in mir empfinde, so würde ich vergnüglichst meine Arbeit belohnter sehen!

B * *
den 27. Julii 1766.

Inhalt.

Inhalt.

Erster Abschnitt.

Hinlängliche Anleitung, wie die Seiden=Raupe glücklich erzeugt, ausgebrütet, ernährt und gewartet werden möge, daß sie ihre Seide spinne.

Erstes Capitel.
Von Erzeugung der zur Seidenzucht nöthigen Eyer.

Zweytes Capitel.
Von der Luft, und was in Ansehung derselben bey der Seidenzucht zu beobachten.

Drittes Capitel.
Von Ausbrütung der Eyer.

Inhalt.

Viertes Capitel.
Von Ernährung und Wartung der Seiden-Raupe.

Fünftes Capitel.
Von dem zur Seidenzucht nöthigen Gerüstwerke.

Sechstes Capitel.
Vom Spinnen und Einsammlen der Seiden-Häuslein.

Zweyter Abschnitt.
Zuverläßige Anweisung, mit was für allgemeinem Nutzen, und besonderm Gewinnst, die Seidenzucht könne getrieben werden.

Erster Abschnitt.

Hinlängliche Anleitung, wie die Seiden-Raupe glücklich erzeugt, ausgebrütet, ernährt und gewartet werden möge, daß sie ihre Seide spinnet.

Erstes Capitel.
Von Erzeugung der zur Seidenzucht nöthigen Eyer.

§. 1.

Vielfältig will man hier und dort aus der Erfahrung wissen, daß die in nemlichem Orte erzeugte Eyer, wo sie zur Brut angesetzt werden, weit besser gedeihen, als andere, welche in einer Himmelsgegend geleget worden, so viel von jener unterschieden ist, allwo sie sollten ausgebrütet werden. Ich kan dieser Aussage nicht vollkommene Gewähr thun, ob ich gleich einsehe, daß ohne

ohne gute Eyer die Seidenzucht nicht wohl gelingen könne; da man nun selten vor Geld gute Eyer überkommt, so thut man wohl, wenn man nunmehro aller Orten, wo man Seidenwürmer hält, zu Erzeugung der Eyer selbsten Veranstaltungen machet. Ich wollte hierinn einen Versuch wagen, und suchte in dieser Absicht die festeste und größte weisse Seiden-Häuslein von meinen heurig überkommenen aus, halb Männlein, halb Weiblein, um einige Gleichheit zu treffen. Man soll insgemein erstere daran erkennen, daß sie lange, schmale, und an einem Ende zugespitzte Seiden-Häuslein spinnen; da hingegen der Weiblein ihre grösser, dicker, und an beyden Enden stumpfer seyn sollen: es traf bey mir aber nicht vollkommen ein, und fehlte besonders bey jenen, so Weiblein seyn sollten. Ich rathete also lieber an, daß man zwey Theile dicke, stumpfe, zu einem Theil schmalen, zugespitzten Seiden-Häuslein nehmen solle, um bey dem Paaren keinen Abgang an Weiblein zu haben.

§. 2.

Man rühmte heuriges Jahr hier Orts eine gewisse Art Seidenwürmer besonders an; sie sollen aus persianischen Eyern ursprünglich seyn, und diß besondere haben, daß sie allezeit grössere Seiden-Häuslein, und weisse und feinere Seide spinnen. Einer meiner Freunden beehrte mich mit einem dergleichen Pfund persianischen Seiden-Häuslein, und ich suchte daraus Eyer erzeugen zu lassen.

sen. Ein anders Jahr werde ich, geliebts GOtt! Gelegenheit haben, den Unterschied der Eyer, so von diesen und meinen hiezu erwählten Seiden-Häuslein (§. 1.) erzeuget worden, zu bemerken.

§. 3.

Die zur Zeugung bestimmte Seiden-Häuslein (§. 1. 2.) legte ich, ohne sie an einen Faden, wie es insgemein zu geschehen pfleget, dergestalt anzureihen, daß allemal ein Männlein und Weiblein aufeinander folget, nur gerad so untereinander verbreiteter auf einen Tisch an einen kühlen Ort, und wartete der Zeit ab, bis aus denen Seiden-Häuslein die Schmetterlinge zum Vorschein kamen.

§. 4.

Das Raupen-Geschlecht hat dieses ihm eigen, daß es seine Gestalt durch die Verwandlung, als gleichsam durch eine neue Zeugung, verändert. Der Seidenwurm ist von dieser Art. Aus einem ungefähr wie ein Senfkörnlein großen Ey entstehet anfänglich ein Würmlein, welches während seines Wachsthumes sich viermal hautet, sodann in einem Seiden-Häuslein ungefähr so groß als ein Tauben-Ey sich einspinnet. Während als diß geschiehet, leget der eingesponnene Wurm noch eine Haut ab, die bey zum Vorschein gekommenen Schmetterling in dem Seiden-Häuslein zu finden ist; und verwandelt sich sodann nach einigen Tagen in eine Puppe, so eine weißlichte Schale bekommt, welche sich nach und nach in eine

eine braunröthlichte verkehret, in solcher Gestalt lieget die Seiden-Raupe bey zwanzig auch wohl mehrere Tage, von der Spinn-Zeit an gerechnet, ohne das geringste zu fressen, eingeschlossen; darnach springet die braune Schale davon ab, und es kommt ein Schmetterling heraus, welcher in dem Seiden-Häuslein mit der aus seinem Mund fliessenden Feuchtigkeit einen nassen Fleck machet, das Seiden-Häuslein dadurch erweicht, und mit dem Kopf und Füssen so lang daran wühlet, bis er ein Loch gemacht hat, dadurch er kriechen kan. Dieses geschiehet an einem Ende des Seiden-Häusleins gemeiniglich des Morgens zwischen 5. und 8. Uhr, und ist der letzte Zustand der Seiden-Raupe; der Zustand, in welchem sie sich begattet, Eyer leget, und stirbt.

§. 5.

Nicht jeder Schmetterling hat das Glück, seinen letzten Zustand zu erreichen. Ich habe wahrgenommen, daß einige, sowohl Männlein als Weiblein, entweder zu wenig, oder gar keine Feuchtigkeit aus dem Mund haben lassen können; in beyden Fällen habe ich gesehen, daß sie zwar ihr äußerstes mit Kopf und Füssen anwendeten, aus dem Seiden-Häuslein zu kommen, allein sie verwickleten sich in dieser ihrer Arbeit, kamen nicht durch, und mußten also recht elend sterben. Bey Weiblein habe ich auch gefunden, daß sie in denen Seiden-Häuslein viele Eyer geleget haben.

§. 6.

Erstes Capitel.

§. 6.

Manchmal ereignet sich der Zufall, daß zwey Seidenwürmer zur Spinn-Zeit so nebeneinander kommen, daß keiner genugsamen Platz hat, sein Seiden-Häuslein besonders zu machen; sie spinnen sich also zusammen in ein gemeinschaftlich größer als gewöhnliches Häuslein ein; kommt es nun, daß man dergleichen größere Seiden-Häuslein zur Erzeugung der Eyer gewählt: so kommen aus denen meisten keine Schmetterlinge zum Vorschein; dieses macht, weil die darinnen sich befindende Puppen wegen Enge des Raums sich nicht genugsam bewegen und umwenden können: wann man also bey dergleichen Seiden-Häuslein nicht mit einem scharfen Messer jene Seite aufschneidet, wo der Schmetterling mit dem Kopf zuerst heraus zu kommen pfleget, so muß er darinnen sterben.

§. 7.

So oft ein Schmetterling auf obig (§. 4.) besagte Art aus dem Seiden-Häuslein gekommen war: so spritzte er fast gleich darauf aus seinen hintern Theilen eine röthlichte Feuchtigkeit aus, ich setzte ihn sodann auf einen Bogen Papier, um welchen ein Rand gebrochen war, Männlein und Weiblein beysammen. Erstere werden sogleich erkannt, sie sind klein, hager, schlagen mit den Flügeln, und suchen sich zu paaren; die Weiblein hingegen haben einen größern und dickern Unterleib, voll Eyer, und bleiben ruhig. Wenn sich eines mit dem andern

zu

zu begatten angefangen, so bleiben sie bey sieben und mehr Stunden lang beysammen; und wann sie sich nach Verlauf dieser Zeit gar einsmalen absondern, so sucht sich das Männlein doch gleich wiederum zu paaren. Nicht lang nach der Begattung sprützt das Weiblein eine röthlichte Feuchtigkeit von sich.

§. 8.

Man hält zur Befruchtung der Eyer am besten zu seyn, wenn man von einem Männlein nicht mehr, als eine, höchstens zwo Begattungen geschehen läßt; derowegen muß man fleißige Obsorge tragen, wenn das Männlein von dem Weiblein gehet, daß man jenes sogleich wegthun kan, indem es sich zur neuen Begattung sehr begierig zeiget, und überall ein Weiblein aufsuchet; dieses aber auf einen besondern mit gebrochenem Rande versehenen Bogen Papier setze, darauf es die Eyer legen kan. Wenn ich gesehen, daß sich in Zeit 3. Stunden die zusammengesetzte Männlein und Weiblein nicht begatten wollten, so setzte ich solche besonders auf einen Bogen Papier, damit ich gewiß wissen könnte, daß ich keine unfruchtbare Eyer überkomme.

§. 9.

Die Zeit, in welcher das Weiblein nach der Absonderung von dem Männlein ihre Eyer leget, läßt sich nicht gewiß bestimmen. Bey einigen habe ich es sogleich wahrgenommen; da hingegen

Erstes Capitel.

gegen andere erst nach Verlauf etlicher Stunden ihre Eyer legten, nicht lang darnach, als das Weiblein alle Eyer geleget hat, wird es kleiner, dünner und stirbt. Die neugelegte Eyer sehen anfänglich gelb aus, werden sodann braunlecht, und endlich aschfarb. Die, so gelblich bleiben, sind unfruchtbar. Die meisten Eyer bleiben an dem Papier wegen des gummichten Wesens fest kleben, die also mit Eyer besetzte Bogen Papier bringt man in einen kühlen und nicht zu feuchten Ort, damit die Eyer nicht dumpficht werden, und schimmeln; man kan auch wechselsweise Fließpappier darzwischen legen, so fern nemlich das Papier, darauf die Eyer gelegt werden, wegen der von sich gespritzten Feuchtigkeit noch etwas feucht seyn solle. Ansonsten habe bemerkt, daß die neugelegte Eyer nicht so leicht belebet werden können, wenn es auch schon an der zur Belebung nöthigen Wärme nicht ermanglet hat.

Zweytes Capitel.
Von der Luft, und was in Ansehung derselben bey der Seidenzucht zu beobachten.

§. 1.

So nothwendig die Luft zu Erhaltung des Lebens der Seiden-Raupe ist, so sehr vermag sie dessen Gesundheit zu verderben, Krankheiten zu verursachen, und alle davon zu verhoffende

Vortheile zu zerstören. Die Seiden-Raupe hat, nach denen Naturkündigern, auf jeder Seite ihre besondere Oefnungen, welche in eben so viele Lungen hinein gehen sollen. Darf man sodenn weiters aus der Erfahrung als bekannt voraussetzen, daß die innere Lungenfläche eines Thiers, so nur mit einer Lunge versehen, zehenmal grösser seye, als die äussere Fläche seines Körpers, so folget, daß die Seiden-Raupe um so viel mehr grössere Flächen ihrer Lungen als ihres Körpers habe, um wie viel mehr sie Lungen hat. Da nun ihre äussere Fläche in Vergleichung ihres Körpers schon groß ist; so ist leicht zu glauben, daß ein kleines mit so vielen Lungen begabtes Thier die Veränderungen der Luft weit stärker fühlet, als ein grösseres mit wenigern Lungen versehenes, und daß folglich die Luft-Aenderungen über die Seiden-Raupe so mächtig sind. Weil man aber die üblen Würkungen davon nicht eher erkennet, als bis es zu spat ist, selben abzuhelfen; so siehet man, wie wichtig es seye, die Luft bey der Seidenzucht gehörig zu beobachten, wenn man will, daß der Wurm gedeyhen, und Vortheil bringen solle.

§. 2.

Was von der Luft-Aenderung der Seiden-Raupe am meisten schaden kan, ist, wenn sie eine mit Ausdünstungen schon erfüllte oder allzu warme Luft an sich ziehen muß, obschon auch eine über den Grad kältere Luft den Vortheil vom Gewinnst

Zweytes Capitel.

Gewinnst benehmen kan, und ich eben nicht abesprechen will, daß der Rauch und andere übl. Beschaffenheiten der Luft den Wurm nach seiner Art sollten nachtheilig seyn können.

§. 3.

Eine von wässerigen Dünsten angefüllte Luft, so die Seidenwürmer beständig umgiebet, hemmet derselben Ausdünstungen nicht nur durch die Schwächung der schlapp gewordenen festen Theile, da sie selbige dadurch hindert, die gewöhnliche und natürliche Menge der ausdünstenden Feuchtigkeit zu der Oberfläche des Körpers zu treiben, sondern auch, weil die ausdünstende Feuchtigkeit, wenn sie zu dem eigentlichen Ort der Ausleerung kommt, eine schon mit Feuchtigkeit erfüllte Lufft antrift, die deswegen wenig tüchtig ist, viel von dergleichen Gattung Dunsts aufzunehmen; es ist also eine mit wässerigen Dünsten erfüllte Lufft denen Würmern sehr nachtheilig, indem dieselbe dadurch erschlappet, geschwächt und gelb werden, sie wollen nicht mehr recht fressen, und fangen an übel zu riechen, es wird dabey eine Neigung zur Fäulung hervorgebracht, und sie werden nacheinander dahin gerafft, ohne daß man vermeinen möchte, daß eine dergleichen Lufft daran Ursache seyn könnte.

§. 4.

Eben dergleichen Beschaffenheit der Lufft ist zum theil mit Ursache, warum einige von wenigen zur Brut ausgesetzten und glücklich ausgekommenen Eyern zuletzt doch so viele Seiden-Häuslein gewinnen, als andere, die noch so viele Eyer zur Brut ausgesetzt haben. Es geben nemlich die Würmer überaus viele Ausdünstungen von sich; sind nun wenige in einem Zimmer vorhanden, so kan die Lufft dieselbe leicht in sich nehmen, welches hingegen bey mehrern nicht so angehet, es wäre denn, daß man bey Tag und Nacht Thüren und Fenster offen hielte, und dadurch der Lufft einen freyen Durchzug verschaffte; aber da laufft man in Gefahr, jenen Verlust zu leiden, welcher von einer kältern Lufft zu erfolgen pfleget. Es wäre also gut, wenn man die Seiden-Würmer in Menge, und in der Folge nacheinander zu halten gedächte, daß man sich hiezu ein besonderes Zimmer anlegete, welches nicht sonderlich hoch und an der obersten Decke mit hinlänglichen Zuglöchern versehen würde, daß sich dadurch die Dünste verziehen und verliehren könnten. Gemeiniglich werden die zu oberst auf dem Gerüst sich befindende Würmer von denen Krankheiten vorzüglich befallen, so da eine feuchte Lufft zu verursachen pfleget.

§. 5.

Wann während der Zeit, als man die Seidenwürmer hält, die sie umgebende Lufft beständig kälter ist, als wie sie seyn sollte: so gehet alles sehr langsam und unregelmäßig zu, die Ausdünstungen der Würmer werden gehemmt.

Sie

Sie liegen träge und unbeweglich da, und scheinen mehr mit dem Laub zu spielen als zu fressen, so, daß man täglich leicht eine Fütterung überspringen könnte; allein an der Zeit wird man um viel dadurch verspätet, man braucht vom ausbrüten bis zum einspinnen um 14. Tage bis 3. Wochen mehrere Zeit, als man sonsten zu brauchen pfleget; dadurch also, daß das Leben der Würmer verlängert wird, brauchen sie mehr an Fütterung, und Bearbeitung, so dem Unternehmer den Gewinnst verschmälert. Eine kältere Luft, als wie die Würmer vertragen, kan auch verursachen, daß bey dem Hauten die Haut, ohne zu zerreissen, feucht bleibet, davon der Wurm sterben muß, oder es unterbleibt dadurch die Hautung gar, da nemlich die von Natur genau anpassende Haut von der Kälte noch mehr zusammen gezogen wird, und sich so eng anschließt, daß der Wurm darunter ersticken muß.

§. 6.

Ein höherer Grad der Wärme, als wie die Würmer vertragen können, schadet ihnen schon zur Zeit des Ausbrütens. Man hat beobachtet, daß entweder die Eyer davon gänzlich verderben, oder die Würmlein röthlicht hervorkommen. Diß ist einer von denen größten Schäden, den man bey der Seidenzucht erwarten kan; weil ein Unwissender es nicht eher erkennet, als bis die Hülfe zu spat ist. Dergleichen röthlicht ausgekommene Würmer scheinen bis zur Verspinnungs-

Zeit völlig gesund zu seyn, nach der vierten Hautung aber werden sie röthlich, kriechen von einem Ort zum andern, fressen nicht, und sterben größten theils dahin; man hat weiter nichts, als Mühe und Kosten davon.

§. 7.

Ist der Grad der Wärme zwischen dem Ausbrüten und Einspinnen der Würmer höher, als wie er seyn solle, es seye nun, daß solches durch die Himmels-Gegend und Lage des Orts verursachet werde, daß sehr warme Sommer-Tage einfallen, oder aber, daß man zu stark einheitzet, so wächset zwar einsmal die Lebhaftigkeit der Würmer; sie haben Hunger, und fressen mehr, als sie zu ihrem Wachsthum anwenden können; daher sich ihre Säffte vermehren, und das Gleichgewicht derselben mit denen Gefässen aufgehoben wird. Sie sind also größer, als wie die andern Würmer, hauten sich auch nicht zu gleicher Zeit mit denenselben. Kommt es zur vierten Hautung, so sind sie um viel glänzender und größer, als wie die andern Würmer. Sie unterscheiden sich auch an der Farbe, und sehen fast wie Spinnen aus; je wärmer sie gehalten werden, je reichlicher fressen sie, und sterben endlich an dieser Geschwulst.

§. 8.

Auch zur Zeit des Einspinnens kan der Seidenwurm keine übermäßige Wärme vertragen;

gen; die heissen Sommertage, welche öffters um diese Zeit einfallen, machen, daß die Würmer noch mitten in ihrer besten Arbeit sterben. Man findet sie in ihrem Gespinst verfault, und das, was sie spinnen, ist ganz dünne, durchsichtig, von keinem Betrag, und nur als Flock-Seide zu gebrauchen.

§. 9.

Da nun so vieles, um guten Gewinnst von der Seiden-Raupe zu machen, auf den gehörigen Grad der Wärme ankommt; so wäre es allzu unsicher, wenn man solchen nur durch eigene Empfindung der Wärme und Kälte beurtheilen wollte; man muß zu einem genauern Maaß seine Zuflucht nehmen, und dadurch die rechtmäßige Wärme zu bestimmen suchen. Sichere und richtige Erfahrungen belehren, daß bey dem 18. Grade, am Reaumurischen, bey dem 69. am Fahrenheitischen, und bey dem 15. am Delislischen Wetterglas die Seidenwürmer am besten gedeihen. Diese Grade der Wärme besagter Wettergläser sind von Belebung der Eyer bis zum Einspinnen, so viel möglich, gleichmäßig zu erhalten, wenn man anderst gesunde Würmer, schnellers Wachsthum und frühers Einspinnen derselben auch mehreres und dickers Gespinnst haben, und an Fütterung und Zeit ersparen will.

§. 10.

Um solchergestalt die nöthige Mäßigung der Lufft zu verschaffen, und weder zu viel noch zu wenig

wenig zu thun, braucht es nicht mehrere Umstände, als daß man sich ein genau verfertigtes Wetterglas nach obig (§. 9.) ernannten Graden eingetheilt anschaffe; wenn nun darauf der gehörige und denen Seidenwürmern zuträgliche Grad besonders bemerket wird; so wird sich auch der Landmann leicht zu helfen, und, bey über den gehörigen Grad steigendem Wetterglas durch Oefnung der Thüren und Fenster eine kühle ziehende Lufft zu verschaffen; bey fallendem Wetterglas aber behutsam einzuheitzen wissen. Fallen heisse Sommertage ein, so muß man die Würmer in besonders kühle Orte zu bringen, und durch Oefnung der Thüre und Fenster einen Durchzug der Lufft zu verschaffen suchen.

§. 11.

Die rauhe, und andere üble Beschaffenheiten der Lufft thun nicht so merklich denen Seidenwürmern Schaden, als wie man insgemein davor hält, es wäre denn, daß die Lufft in Uebermaaße damit erfüllet wäre. Also pfleget man ja selbsten offt etwas wenigen Rauch in das Zimmer zu machen, zumal, wenn wegen Krankheiten die Würmer übel zu riechen anfangen. Der Rauch von Toback, so sich bey geöfneten Fenstern zu hiesiger Meß-Zeit in das Zimmer geschlagen, wo die Würmer gehalten worden, hat keinen merklichen Schaden dabey verursachet. Gemäß meinen heurigen Umständen mußte ich zur Seidenzucht ein Zimmer wählen, so zwischen zweyen
heim-

heimlichen Gemächern lag, welche bey einfallendem Regenwetter so hefftig rochen, daß sich der Geruch davon ins Zimmer zog; dannoch habe ich nichts bemerken können, daß dieser Geruch denen Würmern geschadet hätte.

Drittes Capitel.
Von Ausbrütung der Eyer.

§. 1.

Die fruchtbar gemachte Eyer der Schmetterlinge (C. 1. §. 9.) sind zur Seidenzucht unumgänglich nöthig; ein gewisser Grad der Wärme (C. 2. §. 9.) belebet sie, doch selten noch dasselbige Jahr, in welchem sie geleget worden. Von einer Viertel Unzen sind mir bey dem Grad der Wärme, bey welchem die Würmlein aus denen Eyern zu kriechen pflegen, nicht mehr als funfzehen ausgekommen; woraus zu schliessen, daß noch nicht alle zeitig genug müssen gewesen seyn, und es nur sehr wenige gebe, welche noch das nemliche Jahr, in welchem sie geleget worden, ihre Zeitigung erreichen.

§. 2.

Wenn die Jahrszeit da ist, allwo die Maulbeerbäume sich auszuwickeln, und zu grünen anfangen, so scheint die der Natur gemäße Zeit zur Seidenzucht anzukommen, weil dazumal die Würmer alsobald auskommen, als sie die gehörige Wärme zu ihrer Belebung empfinden.

Will man also zu Belebung der Eyer die nöthige Anstalten machen; so muß man sich lediglich nach der Witterung und denen Bäumen richten, indem es gar nicht gleichgültig ist, ob man zu früh oder zu spat kömmt. Legt man die Eyer zu zeitig zur Belebung aus, so macht offt eine einfallende kalte Witterung die Blätter der Maulbeerbäume stillstehen, das Laub erstirbt durch die sich einfindende Nachtfröste, und wird unbrauchbar gemacht; inzwischen wachsen die Würmer, und es ist entweder Mangel an Laub, oder es geschiehet denen Bäumen durch das allzu zeitige Blätterpflicken vieler Schaden, indem durch das Abbrechen der zartesten Sprößlein viel Laub verlohren gehet; daß man also weit mehrere Bäume brauchet, davon die Unkosten wachsen. Wartet man aber mit dem Ausbrüten zu lang, und über die Zeit, so gedeyhen gemeiniglich die Würmer nicht, weil sie nicht ihrer Natur gemäß mit denen jungen Blättern zugleich wachsen können. Das Verspinnen kommt zu spat hinaus, da inzwischen heisse Sommertage, und die sich alsdann einfindende Stechfliegen Schaden anrichten können.

§. 3.

Es ist demnach die eigentliche Zeit, die Brut anzusetzen, in verschiedenen Orten nach der verschiedenen Himmels-Gegend und Lage der Maulbeerbäume verschieden; hier Orts hat man aus langer Erfahrung, daß man ungefehr den 20sten April dazu wählen kan; man darf sich an ein

frühers

frühers Treiben der Maulbeerbäume nicht kehren, aber später hinaus warten, muß man auch nicht, (§. 2.) indem die Würmer am besten gedeyhen, wenn sie mit denen Blättern des Maulbeerbaums zugleich wachsen können; sofern man nun siehet, daß die Knospen an denen Bäumen stark zu treiben und aufzubrechen beginnen; so bringt man die Eyer von dem Orte, wo man sie das ganze Jahr hindurch aufbehalten hat, in das Zimmer, wo man die Seidenwürmer zu halten gedenket, läßt sie daselbst 2. Tage liegen, ohne daß man einheitzet, sodann heitzet man anfänglich sehr wenig ein, und in der Folge immer etwas mehr, bis das im Zimmer aufgehängte Wetterglas auf die (C. 2. §. 9.) angezeigte Grade gestiegen, in solcher gleichen Wärme läßt man die Eyer, und nachdem sie zuvor in einem mehr oder minder kühlen Ort gelegen, und also von ihrer Zeitigung mehr oder minder entfernet seyn; so brauchen sie 7. bis 9. auch 10. Tage, ehe sich ein Wurm sehen läßt. Man erkennet die Zeit ihrer nahen Entwicklung, wenn die Eyer von Zeit zu Zeit mehr blaß und aschfarb werden.

§. 4.

Nicht alle Eyer bleiben auf dem Papier, darauf sie geleget worden, fest, (C. 1. §. 9.) da sie doch auf diese Art vieles vor jenen zum voraus hätten, die wegen manglenden Gummi am Papier nicht kleben bleiben. Sie liegen nemlich nicht dick übereinander, die gehörige Wärme dringt überall

überall gleich durch. Sie kommen also leichter, und mehr zugleich aus, es können auch die Würmlein weit bequemer auskriechen, ohne die leeren Eyer, vermittelst der Fäden, so sie in denen Mäulern haben, mit sich zu schleppen, weil die Eyer am Papier kleben bleiben. Wenn man also Eyer hat, die am Papier nicht fest kleben geblieben; so muß man solche auf einen Bogen Papier oder Pappendeckel, darum ein Rand gebrochen worden, wohlvertheilt auseinander legen, sodenn ein anders plattes Papier so schneiden, daß es in ersternannten Bogen einpaßt. Dieses wird mit einem glüenden Drat von der Größe, wie man die Strickstänglein zu machen pfleget, voller Löchlein gebrennt, und sodenn auf die vertheilten Eyer gelegt. Es hat das Brennen dieses zum voraus, daß das Papier keine Erhöhungen, wie bey dem Durchstechen, macht, daran sich die Würmlein mit denen in Mäulern schleppenden Fäden wegen des fäserichten Wesens fest anhänge, und also davon loszumachen Zeit und Arbeit benehmen.

§. 5.

Unter denen zur Brut ausgelegten Eyern finden sich offt viele, daraus nichts wird, welches vorhinein zu erkennen, man dieselbe durchs Einweichen zu probieren suchet, da die guten zu Boden sinken, die unnütze und taube aber obenauf schwimmen sollen. Ich meines Orts trage an der Güte der Eyer, ohne selbe durchs Einweichen zu versuchen, kein Bedenken, wenn sie voll und schwer sind,

sind, und aschfarb aussehen. Andere weichen die Eyer zu stärken, ein paar Minuten lang in Wein ein, und lassen selbe sodenn wieder trocknen. Die, so einen Handel damit treiben, thun es wohl auch, um denen Eyern ein Ansehen zu geben, verderben aber dadurch die Eyer, indem sich jederzeit von der Feuchtigkeit, darein die Eyer geleget werden, etwas in selbe hineinziehet, werden sie nun nicht geschwind und gut getrocknet; so verdumpfen leicht einige davon, welche man nachher, wenn sie wieder ausgetrocknet seyn, doch nicht erkennen kan. Legt man sie aber zur Brut aus, so bleibt offt mehr als die Hälfte zurück.

§. 6.

Jene Art, die Eyer auszubrüten, da man sie etwan in ein Tuch eingeknüpft bey sich nahe am Leib träget, und dadurch die gehörige Wärme zu geben suchet, halte ich nicht für rathsam, weil man nicht den (§. 3.) angegebenen Grad der Wärme treffen dörfte, und entweder durch geringern Grad derselben sich an der Zeit verspäten, oder durch stärkern Schaden thun möchte. Wird die Ausbrütung durch allzu große Hitze erzwungen, da man die Eyer zu nahe an einen Ofen setzet, oder mit zu sehr gewärmten Polstern erhitzet; so wird entweder nichts daraus, oder es kommen röthlichte Würmlein zum Vorschein, die man sogleich wegwerfen muß, um nicht damit in größern Schaden zu kommen. (C. 2. §. 6.)

§. 7.

Wann die Eyer allererst auszukommen anfangen, so lassen sich nur einige wenige Würmlein sehen. Sie kriechen von denen Eyerschaalen heraus, und entweder so auf die dahin gelegte Laube, oder sie steigen durch das durchlöcherte Papier herauf, (§. 4.) und besetzen die darauf gelegte Maulbeerblätter ganz schwarz, den andern Tag in der Frühe kommen sodenn schon mehrere Würmlein zum Vorschein, und dieses Auskommen dauret bis gegen Mittag. Nachmittags kriechen wenige aus, und zu Nacht fast gar keine. Man legt sodenn Maulbeerblättlein oder kleine Zweige dahin, und wenn sie voll Würmer, so bringt man sie auf einen mit umgebogenen Rändern versehenen Pappendeckel oder Bogen Papier, und bezeichnet solchen. So verfährt man so lang, als die Würmlein in ziemlich gleicher Menge auskommen. Fangen sie an, in geringerer Zahl zu kommen; so wirft man die noch übrige Eyer weg, weil wenig damit auszurichten. Sie sind allzeit schwächerer Natur als die ersten, und man verlieret nur Zeit und Unkosten damit.

§. 8.

Wer mehrere Eyer zur Brut auszulegen gedenket, als er leicht mit seinen Hausleuten verarbeiten kan, dem riethte ich an, daß er solche zu ungleichen Zeiten wolle auskommen lassen; durch dieses Verfahren bemerket man, daß mehrere Würmer in einem Raum Platz haben, und die

die Arbeit mehr vertheilt werden kan, indem sodenn nicht alle Arbeit allezeit zusammen kommt, und man also zu gleicher Zeit weniger Arbeiter brauchet; doch ist hieben wohl zu überlegen, was (§. 3.) angeführt worden ist.

Viertes Capitel.
Von Ernährung und Wartung der Seiden=Raupe.

§. 1.

Die natürliche Speise der Seiden=Raupe bestehet in Maulbeerbaumlaub. Dieser ist der einzige uns bekannte Baum, der für den Seidenwurm die anständige Fütterung hervorbringet. Es giebet davon zweyerley Arten; die eine ist die schwarze, welche große, rothe Beere, die gut zu essen sind, bringet; das Laub davon ist dunkel, hart und rauh, und deswegen ist sie zur Seidenzucht nicht für so dienlich gefunden worden, als wie die andere Art, so der weisse Maulbeerbaum genennet wird; dieser träget weisse, auch wohl röthlichte Beere, er hat hellgrünere, weichere und zärtere Blätter, welche wegen ihres seidenreichen Saffts der Seiden=Raupe weit anständiger sind. Sie gedeihet davon besser, und spinnet schönere, und brauchbare Seide.

§. 2.

Wie ernannte Arten der Maulbeerbäume zu ziehen und zu warten seyen, halte ich für überflüssig,

flüssig, hier Erwehnung zu thun. Die zum theil angelegte Saamenbeeter und Pflanz-Schulen, zum theil aber schon häuffig versetzte Bäume lassen mich schliessen, daß meine Mitbürger davon hinlängliche Erkänntniß und Erfahrung besitzen müssen; was ich nicht gänzlich mit Stillschweigen vorbeygehen will, betrifft die Güte der Seide, daß nämlich das verschiedene Alter der Bäume und die verschiedene Erdreich verschiedene Blätter, und folglich auch Seide hervorbringen, wie nämlich die verschiedene Weinstöcke und Verpflanzung derselben in verschiedene Erdreich verschiedene Weine an der Güte hervorbringen können. Daher scheinet es zu kommen, daß, wenn man ohne Unterschied Blätter von in verschiedenen Orten verpflanzten Maulbeerbäumen, und verschiedenen Alter derselben untereinander füttert, man vermittelst der Vergrösserungsgläser eine ungestalte Seide bey der Seiden-Raupe wahrnimmt, indem nicht aller Safft der Blätter zu gleich feiner Seide von dem Wurm verdauhet, und versponnen werden kan.

§. 3.

Wer Seidenwürmer zu halten gedenket, muß vor allen für das nöthige Laub umsehen, damit kein Mangel während der Seidenzucht an Fütterung vorkommet. Das beste Laub wird von erwachsenen Bäumen, so in trocknem Boden stehen, überkommen; doch muß man aus Mangel dergleichen Bäume die Seidenzucht eben nicht unterlassen; wenn man von der dritten oder wenigstens

Viertes Capitel.

nigſtens von der vierten Hautung an mit Laub von erwachſenen Bäumen füttern kan; ſo hat man gleichwohl Vortheil von denen Seidenwürmern zu gewarten, ja ſie könnten allenfalls ganz und gar mit jungen Blättern gefüttert werden, nur wird man noch einmal ſo viel Laub nöthig haben, als wie von erwachſenen Bäumen, weil es dünner iſt, und die Würmer mehrer davon freſſen, anbey doch nicht ſo viele und ſo gute Seide ſpinnen. Ohne allen Vortheil wird man doch nicht bleiben, wenigſtens wird man, wenn man ſonſten gehörig verfähret, das Laub bezahlet überkommen.

§. 4.

Auf das Laub muß man wohl Obacht haben, und zuſehen, daß es weder zu trocken, noch zu feucht ſeye, oder ſchwitze. Iſt das Laub vertrocknet, alt und welk geworden, ſo vertrocknet der meiſte Nahrungs-Safft in demſelben; wird es nun gefüttert, ſo kan es von denen Würmern nicht ſo leicht mehr verdauet werden. Sie ſind ſo voll gekauter Maulbeerblätter, als wenn ſie ausgeſtopft wären. Sie werden derſelben entweder hart, oder gar nicht los, und bekommen den Vorfall der hintern Theile, oder werden aus manglender Feuchtigkeit hart. Hingegen, ſo das Laub feucht oder ſchwitzend, und aus einem ſehr kalten Keller gebracht, ſogleich gefüttert wird, ſo wollen es anfänglich die Würmer nicht freſſen, ſie kriechen darauf hin und wieder, bis es von ſelbſten trocknet; wegen der Feuchte und Kälte

C des

des Laubs können sie leicht, besonders, wenn das Zimmer warm ist, ungleich erkältet, und die Ausdünstung verhindert werden, daß sie nachgehends Durchfall bekommen, und beständig eine wässerige Feuchtigkeit oder Schleim lauffen lassen, welken und sterben.

§. 5.

Beyläuffig muß ich anführen, daß ich jenes Laub, welches währendem Heumaad gepflücket worden ist, denen Würmern nicht für schädlich befunden habe, obgleich bey 2. Tagen sämtliche Würmer damit gefüttert worden; man siehet also, wie schädlich jenes Vorurtheil unter der Gemeinde seye, da es heißt, daß man währender Seidenzucht keine Heumaad vornehmen solle, weil dadurch das Maulbeerlaub für die Würmer beschädiget werde, es kan durch ein solches Verweilen das Heu verreissen, das Grummet später erfolgen, und solchen Schaden verursachen, der vielen Vortheil der Seidenwürmer wieder benahme. Ich halte demnach davor, daß, wenn zur Zeit des Heumaads sich Krankheiten unter denen Würmern eingefunden haben, solche weit eine andere Ursache, als diese zum Grund müsse gehabt haben.

§. 6.

Damit nun denen Krankheiten, so von der Fütterung entstehen können, vorgebogen werde, muß man mit dem Laub gehörige Veranstaltungen zu treffen sehen. Im Anfang, da man nur sehr
weniges

Viertes Capitel.

weniges Futter brauchet, pflücket man das dritte und vierte Blatt vom Herzlein, weil der Wurm anfänglich kein stärkeres Laub vertragen kan; er ist noch nicht im Stand, ein so grosses Loch zu durchfressen, daß er durch selbes durchkriechen könnte, inzwischen, da das Laub vertrocknet, und Falten bekommt, bleiben die Würmlein in selbem sitzen, verdorren mit dem Laub, und werden zu einem schwarzen Staub, ohne daß man es bey frischer Fütterung gewahr wird. Man muß also nicht mehr Blätter pflücken, als daß man für einen Tag Vorrath hat, diese legt man in einen vergläserten Topf ganz locker, daß sie nicht schwitzen, deckt sie mit etwas zu, setzt sie also in Keller, daß sie nicht zu trocken werden.

§. 7.

Je mehr die Würmer herbey wachsen, je mehr verbrauchen sie an Fütterung, und es ist gut, wenn man von Tag zu Tag Laub vorräthig pflücken läßt. Dergleichen Laub schüttet man in einen lüfftigen und kühlen Ort auf einen rein gekehrten mit Brettern oder Lacken bedeckten Boden locker aus, daß es nicht viel über eine Spanne hoch übereinander zu liegen kommt, sonst schwitzt es, und erhitzet sich, alle 6. bis 8. Stunden wendet man es mit einer Hauen oder einer Heugabel um, sonsten werden die obersten Blätter welk, und die untersten bleiben naß. Vom Regen oder Thau feuchte Blätter soll man niemals pflücken, muß es aus Noth geschehen, so muß man sie vorhero trocknen.

trocknen. Man schwingt sie zwischen zwey reinen Lacken, und legt sie an einen Ort, wo die Lufft frey durchziehen kan, wendet sie auch wohl öffters um, bis sie gänzlich trocken, und zum füttern können verbraucht werden.

§. 8.

So bald die junge Brut sich von denen Eyerhülsen und übrigen unausgekommenen Eyern durch Heraufkriechung oder Heraufsteigen durch den durchlöcherten Bogen Papier nach und nach abgesondert hat, (C. 3. §. 7.) so legt man Maulbeerblätter dahin, damit die Würmlein darauf kriechen können, sind sie damit schwarz besetzt, so trägt man sie mit dem Laub auf einen besonders mit gebrochnen Ränden versehenen Bogen Papier oder Pappendeckel, und bezeichnet selbes etwan so No. 1. a. die, so einige Stunden später aber noch den nemlichen Tag auskriechen, können mit No. 1. b. und die allerletzt auskommende mit No. 1. c. gezeichnet werden, damit die von gleichem Tag und Stund ausgekommene, so viel möglich, beysammen bleiben, und sich also einigermassen gleich hauten mögen.

§. 9.

Die mit denen Würmlein besetzte Läuber (§. 8.) werden auf dem mit der Nummer bezeichneten Lager so gelegt, daß zwischen jedem Blatt ein Raum bleibt, damit man dahin bey neuer Fütterung frische Blätter legen kan, darauf sodann die

Viertes Capitel.

die Würmlein von dem alten Laub kriechen können. Jedes Lager wird damit mehr oder minder vollgelegt, nachdem die Läuber mit vielen oder wenigen Würmlein besetzt sind. So verfährt man die ganze erste Zeit, bis alles ausgekrochen ist, und hat weiters nichts zu ändern, als daß die zu jedem Tag und besondern Stund ausgekommene Würmlein mit besondern Nummern und Buchstaben versehen werden, welche man auf die Rande des Papiers oder Pappendeckel schreiben kan, darauf die Würmlein geleget werden.

§. 10.

Es läßt sich nichts gewisses bestimmen, wie oft die neu ausgekrochene Brut bis zu ihrem ersten Schlaf täglich müsse gefüttert werden. Nachdem viele oder wenige auf einem Lager sich befinden, und also früher oder später mit dem vorgelegten Laub fertig werden, nachdem muß man sie mit Futter von neuem versehen. Sie bedarfen nicht viel auf einmal, je öffter ihnen frische Blätter vorgelegt werden, je besser gedeihen sie. Wird man sie viermal des Tags mit frischen Blättern versehen, so werden sie Nahrung genug überkommen.

§. 11.

Scheinet ein Lager unrein und zu voll zu werden, daß die Würmlein zu fast übereinander liegen; so muß man sie auf einen neuen Raum zu bringen suchen, und bey Erforderniß wohl auch das Lager erweitern; allwo zu merken, daß man
die

die alte Nummern und Buchstaben beybehalte. Hat man nun die Würmlein mit hinlänglichem Futter versehen, und die gehörige Wärme beobachtet, so werden sie sich bis den 6ten Tag zu schlafen richten, dahingegen bey kälterer Lufft (C. 2. §. 5.) der Schlaf erst den 8ten Tag, auch wohl später, erfolgen wird.

§. 12.

Man erkennt, daß die Würmlein das erstemal schlafen, wenn sie nichts fressen, ganz still bleiben, und sich mit dem vordern Theil des Leibs aufrichten. Hat man nun die von einem Geburtstag und zu verschiedenen Stunden ausgekommene nicht sorgfältig zusammen auf ein Lager gebracht, (§. 8.) so fressen noch einige, da andere schon schlaffen, dieses macht in der Folge eine Unordnung und Unbequemlichkeit im füttern; derowegen muß man sie noch dißmal absondern, und die annoch fressende von No. 1. a. auf ein besonderes Lager mit No. 1. a. a. oder zu denen No. 1. b. zu bringen suchen, und sofort mit denen übrigen. Dieses zu bemerken, legt man weitläuffig Blätter auf, und wenn selbe mit genugsamen Würmern besetzt, so bringt man sie auf eines von erst gemeldten Lagern. Haben nun die Würmer in obiger Stellung ungefähr 36. Stunden schlaffend zugebracht, so haben sie ausgeschlaffen; ihr Körper ist durch vorhergegangene Fütterung und Verdauung so angewachsen, daß die äussere Haut an denen Würmern zu enge wird, reißt, und die

Würmer

Viertes Capitel.

Würmer aus derselben, wenn alles glücklich gehet, ganz munter hervorkriechen. Sie sind graulicht an Farbe, der falsche Kopf ist grösser und weißlicht, und das Maul ist breiter. Die zerrissene Haut bleibet als ein ganz dünner Balg abgelegt auf dem Lager zurück.

§. 13.

Sollte es sich nebst denen sorgfältig gemachten Absonderungen dannoch zutragen, daß die von einer Nummer und Buchstaben sich nicht alle zugleich gehautet hätten, so läßt man die frühers gehauteten solang ohne Futter, bis alle abgehautete beysammen, dann belegt man sie wieder mit frischem Laub, daran sich einige sogleich, andere aber erst nach Verlauf einiger Zeit machen, und fressen. Nunmehro füttert man die Würmer täglich 3mal zu vertheilten Stunden; man streuet eine Hand voll Blätter, so viel möglich gleich auf, denen Würmern so aus, daß keine ungefüttert bleiben, aber die Blätter auch nicht zu vielfach übereinander zu liegen kommen. Ich muß hier ein für allemal erinnern, daß man mit dem Laub behutsam umgehe, und keines verstreue, indem selbes bey der Seidenzucht kostbar fället. Sollen sich die Würmer nach verschiedenen Umständen mit 3mahligem füttern nicht begnügen, so muß man sich hierinnfalls nach denen Würmern richten, und selbe an Fütterung niemals einen Mangel leiden lassen.

§. 14.

Wenn sich durch offtermahliges Füttern das Lager wieder vermehret hat, so muß man die Würmer auf ein frisches zu bringen sehen, indem ansonsten das unterste Laub, wenn ein Lager lang liegen bleibt, zu schimmeln, und zu faulen anfängt, ganz heiß wird, und ein übler Geruch entstehet, davon die Würmer sodann mit Krankheiten überfallen werden. Es werden aber frische Lager gemacht, wenn man weitläuffig Blätter aufleget, und wenn selbe recht voll gekrochen sind, so werden sie weggenommen, und auf ein neues Lager gebracht, welches mit der nemlichen Nummer und Buchstaben, wie ehevor, muß gezeichnet werden; dann bringt man nachmals frische Blätter auf das alte Lager, damit noch die übrige darauf kriechen können. Aus denen, so zurück bleiben, wird gemeiniglich nichts daraus; daher man sie lieber besonders thut, oder gar wegwirfft. Die Blätter vom alten Lager werden zusammen gemacht, und zu einer Düngung verwendet, oder wohl auch, wie man hier zu thun pfleget, denen Schweinen gegeben.

§. 15.

Wer bey Veränderung der Lager zu Erleichterung der erforderlichen Arbeit sich der Netzen bedienen wollte, der irrete sich sehr, indem man dabey nichts gewinnt. Sind die Würmer noch klein, so kriechen sie zwar auf das aufgestreute Laub, hängen sich aber an dem Gegitter so fest an,
daß

Viertes Capitel.

daß man sie davon zu bringen weit mehr Zeit und Arbeit verwenden muß, als wie (§. 13.) angeführt worden; sind die Würmer aber größer, so bleiben sie auf ihrem alten Lager liegen, strecken sich nur, und fressen das auf dem Gegitter aufgestreute Laub, ohne auf selbem zu kriechen.

§. 16.

Bey genugsamer Fütterung und gehörig beobachtenden Grad der Wärme werden sich die Würmer nach 6. Tagen mehrmahlen zu schlafen richten, da sie im Gegentheil bey gesparsamer Fütterung und kälterm Grad der Lufft bey 7. bis 8. Tage zubringen werden, ehe sie die Schlafsucht überfällt. Es gehet in allem wiederum so zu, wie (§. 2.) angeführt worden. Haben sie sich nun würklich gehautet, so bekommen sie eine etwas weiß graue Farbe, der falsche Kopf wird größer, der rechte Kopf bräunlicht, und das Maul breiter. Man fangt die zweyerley Arten Würmer, die es insgemein giebet, recht zu erkennen an, davon die einen wegen ihrer schwarzen Farbe die Mohren, die andern aber nur schlechterdings weisse genennet werden.

§. 17.

Nach der anderen Hautung werden die Würmer von neuem etwa täglich dreymal mit Blättern versehen; ist es nach Umständen zu wenig, oder haben sie bey dem andernmal füttern ganz aufgefressen, so füttert man öffter, oder das folgendemal etwas stärker, damit sie genugsame Nahrung überkommen, und hurtig wachsen mögen; fähret man mit genugsamer Fütterung und gemäßen Wärme fort, so werden die Würmer nach 6. Tagen von der Schlafsucht befallen werden, oder bey andern Umständen erst nach 7. bis 8. Tagen. Sie zeigen sich 1. oder 2. Tage vorhero verdrossen, bleiben auf einem Ort liegen, und drehen den Leib nach allen Seiten, ohne den Platz zu verändern. Haben sie ausgeschlaffen, so machen sie den Rücken höckericht, strecken ihn wieder aus; manche Ringe von dem Leib, blähen sich auf, da sich indessen andere zusammen ziehen, und einschrumpfen; durch ein dergleichen Blähen und Drängen berstet die Haut oberhalb an dem andern oder dritten Ringe, da sich sodann der Wurm in kurzer Zeit abstreifft, weißgrau wird, und ein breiters Maul bekommt.

§. 18.

Während der Zeit, als sich der Wurm das anderemal gehäutet hat, und frißt, muß er nach Umständen von seinem Lager gereiniget werden, ansonsten man sich Krankheiten bey denen Würmern zuzieht; man kan sie dißmal auf besonders verfertigte Gerüstwerk und Lagerstätte bringen, da man, wie (§. 13.) gemeldet worden, verfahren muß. Es kan auch jederzeit auf denen frischen Lagerstätten zuvor Papier ausgebreitet werden, darein sich die Feuchtigkeit ziehet; so fähret man fort, bis die Würmer alle auf ein neues reines Lager gebracht worden, und nichts als das

alte

Viertes Capitel.

alte zurück bleibet, die Räume der neuen Lagerstätte werden nicht zu voll gelegt, weil die Würmer durch ihr tägliches Wachsthum selbe gar bald wieder einnehmen

§. 19.

Die Würmer haben es in der Art, daß sie sich auf denen Lagerstätten recht häuffig zusammen machen, und in manchem Raum ganz dünn liegen. Man vermeynt, daß es geschehe, weil sie die Dunkle lieben, dahin kriechen, und nur in hellen Orten zu dünn liegen; nun hindern sie sich so nahe aneinander am fressen; man muß also öffters, auch ausser der Futterzeit, darnach sehen, und selbe von einander legen; ansonsten hat man Schaden, indem die Blätter, so da liegen, wo die Würmer sich nur ganz dünn befinden, vertrocknen, und so viel als verlohren gehen; in Orten aber, wo die Würmer stark beysammen liegen, überkommen sie nicht genugsame Nahrung, werden also nicht gehörig satt, und können nicht vollkommene Seiden-Häuslein spinnen.

§. 20.

Nach der dritten Hautung (§. 16.) füttert man die Würmer etwan täglich 4mal mit frischem Laub; reiniget sie vom alten, und bringt sie auf neue mit trockenem Papier belegte Lagerstätten, damit die vorhandene Unreinigkeit, und etwan kranke oder verstorbene Würmer denen lebendigen nicht zu schaden anfangen. Man muß

muß nicht glauben, daß man verhüten könne, daß kein Wurm sterbe; es ist solches nebst allem angewendeten Fleiß und Sorgfalt nicht möglich. Hat man nun genugsam gefüttert, so werden die Würmer nach Umständen den 6ten oder 8ten Tag wieder schlafsüchtig, legen nochmahlens ihre Haut ab, und sehen sodann grau röthlicht aus, überkommen einen grössern falschen und hellbraunen wahren Kopf und breiters Maul, worauf sie dann nach und nach eine ganz weisse Haut bekommen, ausgenommen die, so Mohren sind.

§. 21.

Nach der vierten Hautung (§. 20.) muß man die Würmer so oft füttern, als sie aufgefressen haben. Es ist auch besser, wenn sie wenig Futter auf einmal, und solches öffter bekommen; ansonsten werden die Lagerstätte geschwind allzu hoch, das unterste Laub erhitzet sich, es steiget ein stinkender Dunst aus dem Lager herauf, und macht, daß die Würmer nicht fressen wollen. Sie kriechen zusammen, werden kürzer, und trocknen ein. Diese und andere Krankheiten, deren Quelle ein unreines Lager, können zuletzt noch allen Vortheil zernichten; deßwegen man zu gehöriger Zeit an Reinigung der Lagerstätte nichts muß ermanglen lassen.

§. 22.

Nach der vierten Hautung muß man die gleichen Würmer von einer Nummer und Buchstaben,

staben, so viel möglich, noch zusammen zu bringen sehen, damit man die Spinnrechte beysammen habe, und nicht zu viel Zeit mit dem aussuchen zubringen darf, geschieht es nicht, so gehet ein großer Theil der Seide verlohren, und die Würmer spinnen nachgehends um so kleine Seiden-Häuslein von geringem Werth. Leget man aber nach der vierten Häutung frisches Laub auf denen gehäuteten Würmern, so kan man solche leicht von denen ungehäuteten aussuchen, und auf eine besondere Lagerstatt zusammen bringen.

Fünftes Capitel.
Von dem zur Seidenzucht nöthigen Gerüstwerke.

§. 1.

Die Seidenwürmer erfordern nach dem Maaß ihres Wachsthums immer mehrern Platz; man muß also bedacht seyn, wie man solche in einem gegebenen Raum bequem unterbringen kann. Es hat dieses schon manchen zu verschiedenen Gedanken veranlasset. Hier möchte sich einer dieses, dort ein anderer ein anderes Gerüstwerk dazu ausfindig. Was mich betraf, so berathschlagte ich mich mit jemanden, dessen Geschicklichkeit in dergleichen Erfindungen mir besonders bekannt war, und wodurch er sich seinem Vaterland schon manchmal verbindlich und ehrwürdig gemachet hat; ich könnte einige
und

dergleichen glücklich ausgefallene Bemühungen anführen, wenn es hieher gehörte, ihm Lobsprüche zu machen, auch mir solches die nächste Verwandschaft, in der ich mit ihm stehe, erlaubte; für dermahlen will ich nur den auf meinen ihm vorgelegten Erforderniß-Punkten mir gemachten Vorschlag anführen, auch die mir gegebene Versicherung beysetzen, daß er es ein anders Jahr zu mehrerer Vollkommenheit zu bringen werde bedacht seyn, bis dahin ich meinen Leser um Gedult bitte.

§. 2.

Das Zimmer, welches ich heuriges Jahr zur Seidenzucht gewählet habe, ware regelmäßig viereckicht, 25. Schuh lang und 24. Schuh breit, lüftig: Nro. 1. zeiget hievon den Grundriß an. Bey *a.* befande sich die Zimmerthür, bey *b. c.* und *d.* waren die Fenster. In diesem Zimmer können nun rings herum Stellen gemacht werden, da man in jeder Ecke desselben, als bey *e. f. g. h. i.* und in der Mitte des Zimmers bey *k.* und *l.* eine Wand oder Flecke von $2\frac{1}{2}$. Schuh breit und bey 8. Schuh hoch aufstellet, an welcher Wandleisten wie an einer Bücher-Stelle genaglet werden. Zu mehrerer Deutlichkeit ist hierzu ein Profil-Abriß von der Seite *m.* dieses Zimmers unter der Fig. 2. vorgestellt worden: allda ist *a.* der Fußboden des Zimmers, *b.* der Oberboden, *c.* und *d.* sind die bemeldte in die Ecke des Zimmers aufgestellte Wände oder Flecken, an welche

die

Fünftes Capitel.

die Querleisten *e.* gleich einer Bücher-Stelle angenaglet sind. Auf diesen Leisten werden zwey Latten *f.* von 2. Zoll starck nicht übereinander, sondern einander, das ist, hervor, und hinterhalb auf der Leiste aufgelegt, und fest gemacht, worauf die sogenannte Seidenwürmer-Tasten gestellt werden. Die unterste Leiste *g.* wird vom Boden 10. Zoll hoch an die erstbesagte Flecke angenaglet, die zweyte *h.* wird sodann von dieser 1. Schuh und 6.-8. Zoll entfernt gesetzt, und sofort die 3te, 4te, 5te Leiste, so, daß nicht mehr als 5. Stellen *g. h. i. k.* und *l.* übereinander zu stehen kämen. Höher hinauf fället es unbequem, und wegen der Ausdünstung denen Würmern schädlich. (C. 2. §. 4.) Sollte es jemanden die Fenster mit dergleichen Gerüstwerken zu vermachen nicht gefällig seyn, damit ein mehreres Licht in das Zimmer hineinfallen, oder die Fenster nach Erforderniß geöfnet, und wieder geschlossen werden mögen, so ändert dieses am Gerüstwerk weiter nichts, als daß man mehrere Wände oder Flecken aufrichten müßte, wie solches Fig. 1. bey *n. o.* und *p.*, Fig. 2. aber bey *m.* zu ersehen, damit der Raum bey denen Fenstern *b. c. d.* Fig. 1. frey bliebe, und die Latten nicht durchlauffen dörften, das Profil Fig. 2. zeiget bey *n.* deutlich, daß man bey die Fenster nach Belieben oder alle 5. Stellen durchlaufen, oder alle weglassen, oder aber nur die 3. unterste Stellen weglassen, und die zwey oberste zu Gewinnung mehrern Raums für die Würmer durchlauffen lassen kann. Wie

übrigens

übrigens das Gerüstwerk auf denen Seiten des Zimmers herum zu machen angezeiget worden, eben eine dergleichen läßt man auch in der Mitte des Zimmers *k. l.* Fig. 1. machen.

§. 3.

Es ist sehr vortheilhaft, wenn man alle Tafflen von gleicher Größe verfertigen läßt, indem man sodann jede Tafel auf allen Orten des Gerüstwerks hinsetzen kann, wie es einem bey der Bearbeitung nur immer gelegen fället. Sollte aber die allgemeine Eintheilung der Tafflen in einem Zimmer nicht an allen Seiten gar gleich eingemessen werden können, so könnte man um Gewinnung alles möglichen Raums eines Zimmers schon auch kleinere Tafflen einstellen, gleichwie solches Fig. 1. bey *q.* zu sehen ist. Es ist aber jederzeit besser, wenn alle Tafflen gleich groß können gemacht werden. Nun weiset Fig. 1. daß jede Tafel mit Innbegrif ihrer Umfang-Leisten 3. Schuh lang und $2\frac{1}{2}$. Schuh breit eingerichtet worden seye; es ist dieses mit Fleiß geschehen, weil selbe, wenn sie merklich grösser verfertiget würden, in der Bearbeitung zu beschwerlich fielen. Die Tafflen selbsten werden am besten und dauerhaftesten gemacht, wenn eine 2. Zoll hohe Rahme von der beschriebenen Größe verfertiget, und davon ein Bogen von dünnesten Brettern angenaglet wird.

§.4.

Fünftes Capitel.

§. 4.

Weiters zeiget der Grundriß Fig. 1. an, daß nach diesem Vorschlag N. 31. Tafflen in einer Reihe herum und herum in dem Zimmer mit samt dem Mittel-Gerüstwerk Ort hätten, und dieses 5.mal genommen, macht 155.Tafflen. Da aber (§.2.) gemeldet worden, daß man bey die Fenster allenfalls, auf Belieben, die oberste zwey Stellen durchlauffen lassen könnte, so kämen noch bey alle 3.Fenster 6.Tafflen hinzu, mithin betragete es in allem 161.Tafflen. Bey r. Fig. 1. hat man auch durch alle 5.Stellen eine Tafel aussetzen müßen, weil alldort der Zimmer-Ofen gestanden ware. Das mehrere wird hinnach gemeldet werden. Jede Tafel, ausser denen bey q. angezeigten, ist fast gar 3.Schuh lang, und $2\frac{1}{2}$.Schuh breit, folglich hat jede Tafel einen Flächen-Innhalt von $7\frac{1}{2}$.Schuh, und alle 161. Tafflen eine Fläche von ungefehr $1207\frac{1}{2}$.Quadrat-Schuh: wir wollen aber nur einmal 1200.Quadrat-Schuh annehmen, und festsetzen. Auf einer Fläche von einem Quadrat-Schuh können ungefehr 60. ausgewachsene Seidenwürmer liegen. Da nun 1.Unzen Saamen nach meiner heurigen Erfahrenheit nur ungefehr 17000.Würmer gegeben hat, so brauchte 1.Unzen Saamen ungefehr 284.Quadrat-Schuhe Raum, folglich könnten auf einem dergleichen Gerüstwerk, so bey 1200.Quadrat-Schuh an Raum hat, die Würmer von $4\frac{1}{4}$. oder wenigstens von 4.Unzen Saamen

men gebracht werden, im Fall nämlich von 1. Unzen bis zu Ende der Arbeit nicht mehrer als nur ungefehr 17000. Würmer rückbleiben sollten. Will man aber den Vortheil (C. 3. §. 8.) brauchen, und nicht alle Eyer auf einmal auskommen lassen, so wird man für 4. Unzen Eyer auf so viele Tafflen auch Raum genug haben, wenn es jemanden auch glücklicher, als wie mein heuriger Versuch ausfallen sollte.

§. 5.

Obgleich 161. Tafflen in einem dergleichen Zimmer von beschriebener Größe und Beschaffenheit (§. 2.) Ort haben, so bleibet dannoch ein hinlänglicher Raum übrig zu gehöriger Beobachtung und Wartung der Seidenwürmer. Dann bey s. und t. Fig. 1. können zwey Tisch oder vielmehr zwey Gerüstwerk, so als Tisch zu brauchen, gestellet werden, auf welchen eine Tafel nach der andern von ihrem Orte herbeygenommen, darauf gesetzt, gefüttert, vom alten Lager gereiniget, und sodann wiederum in einen vorhandenen leeren Raum des Gerüstwerkes gebracht werden kann. Jedes Tischgerüstwerk ist $2\frac{1}{2}$. Schuh breit, und 9. Schuh lang. Bey v. und w. wird selbes von den Tafflen-Gerüstwerk etwas frey gestellt, damit man bequem hin und her gehen kann. Beyde Tische sind von oben nicht, wie gewöhnlich, mit einer Tischblatten bedeckt, sondern es ist nur ein Gegitter von Latten zusammen gemacht, wie der

Abriß

Fünftes Capitel.

Abriß von selbsten klar vor Augen stellt, und dieses aus der Ursache, weil die Erfahrung gelehret, daß durch den gewöhnlichen Zimmer-Ofen r. das ganze Zimmer gar nicht gleich warm geheitzt, oder der Grad der Wärme im ganzen Zimmer gleich vertheilt worden, sondern die Würmer nächst am Ofen; und die im Mittelgerüst k. l. gegen den Ofen überkamen einen stärkern Grad der Wärme, wann die übrigen weiter entfernten den rechtmäßigen Grad überkommen sollten. Daher ist es besser, wenn man sich für dergleichen in den Zimmern vorhandenen Oefen 2. kleine bewegliche eiserne Oefelein x. und y. verfertigen läßt, welche allda unter die Tischgerüstwerker gestellt, eingeheitzet, und der Rauch durch eine blecherne Röhre durch ein Fenster hinaus geleitet werde, damit solcher Art diese 2. Oefen gleichsam in die 2. Mittelpuncte des Zimmers gesetzet die Wärme allenthalben ungehindert gleich vertheilen, und also alle Würmer im ganzen Zimmer die möglichst gleich warme Luft geniessen können.

§. 6.

Um also diese Art Oefen deutlicher vorzustellen, hat man den übrigen Raum in dem Profil Fig. 2. benützet, und auf den Oberboden oder zweiten Stockwerk ein Profil o. von einem dergleichen Ofen aufgezeichnet, wie nämlich solcher allenthalben ganz frey unter dem Tischgerüstwerk gestellter sich befindet, auf vier Füsse gesetzt ist, und die Rauchröhre p. durch eine Fensterscheibe ausgeleitet werde. Bey q. befindet sich die Oefnung, oder Thür des Ofens zum einheitzen: das Holz lieget auf einem Heinzl, und obenher hat der Ofen eine Blatte, welche selben inwendig zwar allenthalben genau schliesset, ausgenomen auf der Seiten gegenüber des Einheitzerthürleins. Diese Scheidblatten hat den Nutzen, daß die Flamme des Feuers hineinwärts getrieben werde, mithin nicht zu beförchten, daß es so leichterdingen heraus rauchen möchte. Es wird auch durch das Scheidblech die Hitze länger aufgehalten, gleichwie auch die lange Röhre die Wärme im Zimmer erhält.

§. 7.

Uebrigens zeiget im Profil Fig. 2. r. einen Drat an, womit die langen Latten in der Mitte in Oberboden verhängt sind, daß selbe durch die Schwere der Tafflen sich nicht einschlagen. Man kann auch allenfalls vom Boden auf eine Latten aufstellen, und dadurch das einschlagen verhüten. Gleichfalls bedeuten s. und t Fig. 2. zwey eiserne Drat, wodurch die Schwere der Rauchröhre aufgehängt oder getragen wird.

Sechstes Capitel.
Vom Spinnen und Einsammlen der Seiden = Häuslein.

§. 1.

Nachdem der Seidenwurm das viertemal geschlafen,

Sechstes Capitel.

geschlafen, und sich gehäutet hat, (C.4.§.19.) so muß man selben noch durch 7. bis 8. Tage füttern, alsdann ist er ausgewachsen, und erreicht, wenn alles gut abgelauffen ist, eine ausserordentliche Größe; nun siehet man ihn in seiner Vollkommenheit, und er bestehet aus einem Kopf und 11.Gelenken oder Ringen als den übrigen Leib, davon die ersten drey Ringe mit ihren schwärzlichen Monden einen dicken falschen Kopf mit 2.blinden Augen bilden, wozu der rechte kleine Kopf gleichsam den Rüssel hergiebet. Es wird dieser Wurm von 16. Füssen getragen, davon die ersten drey Ringe sechse, die mittlern aber achte an der Zahl haben, am hintern Theil befinden sich sodann noch zwey, die denselben nachtragen. Oben auf dem Rücken nimmt man eine durch die Haut scheinende innerliche Bewegung wahr, so sich von Zeit zu Zeit auf- und zuthut.

§. 2.

Wenn der Seidenwurm nach seiner vierfach abgelegten Haut alle noch weiters fort zu sich genommene Nahrung (§. 2.) in sein eigenes Wesen verwandlet hat, so ist er auf den Punct gekommen, wo er den Ueberfluß seines Seidenreichen Safts fühlet, und man ihm keine Nahrung mehr zu reichen darf. Er frißt nicht mehr, sondern kriecht unruhig auf denen Blättern herum, und wohl auch auf denen Seiten der Lagerstätte heraus; er richtet sich auf, und suchet mit aufgegerichtetem Hals einen Ort, wo er sich anspinnen kann, er siehet fast fleischfarb aus, und scheinet bey dem Licht, besonders am Hals ganz durchsichtig, er ist sonderlich an den hintern Theilen ganz weich, und es hängt ihm ein Seidenfaden aus dem Hals. So man nun dergleichen bemerket, so muß man ihn in einen Ort bringen, wo er sein Gespinnst gehörig machen kann. Man erwählet hiezu Heydekraut, welches man sich im Frühjahr, ehe es ausschlägt und blühet, anschaffen muß, oder anders Strauchwerk, das nicht stachlicht ist, noch einen widrigen Geruch hat. Ich behalte mir vor, auf ein anders Jahr hierinnfalls etwas neues in Vorschlag zu bringen.

§. 3.

Ehevor der Wurm sich einspinnet, reiniget er seinen Körper durch eine wässerigte Feuchtigkeit, kriecht sodann unruhig hin und her, macht den Kopf beweglich, und drehet selben von einer Seite zur andern, da aus der Oefnung des Ziehlochs die Seidengummi hervordringet, welche der Wurm durch Anhängung des Munds zu klaren Faden ziehet, davon das wässerige von der Luft vertrocket wird. Anfänglich macht er ein unordentlich geworfenes Fadenwerk, welches man die Flockseide nennet, dieser Faden ist ohne Glanz und gröber, darauf zieht er einen dünnern und glänzenden Faden rund um sich herum mit den nach Schlangenweis gehenden Linien webenden

Sechstes Capitel.

Kopf erst größere, zuletzt kleinere Bögen, und verfertiget ein einförmiges Gespinnst. Man hat beobachtet, daß das Gespinnst derjenigen Würmern, welche gelbe Füsse haben, gelb seye, welche aber weisse haben, weiß.

§. 4.

Man sagt, die Seiden-Raupe habe ein sehr starkes Gefühl; man habe sich also während der Spinnzeit in Obacht zu nehmen, daß man sie nicht beunruhige; dann, wenn der Ort, worauf sie lieget, währendem Spinnen erschüttert werden soll, so bewege sie sich gleich, wodurch geschehen kann, daß der Faden abreisse, und das Seiden-Häuslein in Zukunft sich nicht abhaspeln lasse. Ich bin für dermalen nicht recht vergewissert, ob eine Erschütterung währender Spinnzeit für die wahre Ursach der durchlöcherten Seiden-Häuslein könne angegeben werden; vielleicht ist ein höheres Grad der Wärme hieran Ursach, wodurch geschieht, daß sich der im Spinnen begriffene Wurm wieder durchbeißt. So viel will man wohl mit Gewißheit behaupten, daß, je wärmer die Witterung seye, je eher beissen sich die Schmetterling durch die eingesponnene Seiden-Häuslein durch; je kälter aber die eingesponnenen Würmer liegen, desto später geschehe das Durchbeissen.

§. 5.

Wenn der Seidenwurm 4.-5. Tage am Seiden-Häuslein gearbeitet hat, so ist er damit fertig, und wenn 8. Tage von der Zeit an gerechnet, als sich der Wurm einzuspinnen angefangen hat, verstrichen sind; so hält man dafür, daß die Seiden-Häuslein können eingesammelt werden, es gehet sodenn in einer Arbeit, wenn man sogleich die guten, dichten und festen von denen weichen, lockern, locherigen und fleckigten besonders legt. Gleichfalls lieset man die, so man zu Erzeugung der Eyer bestimmen will, besonders aus, und verwahret sie besonders, (C. I. §. I.) die andern läßt man auf einer Tafel oder leinen Tuch verbreitet einen Tag lang an der Sonne liegen, und austrocknen, macht sodann die Flockseide sauber ab, und sorgt, daß sie gleich gehaspelt, und Seidenströme daraus gemacht werden.

§. 6.

Sollte man die Seiden-Häuslein nicht gleich können abwinden lassen, so muß man sie, damit sie länger können erhalten werden, und man sie nicht mit Schaden durchfressen überkommt, auf Tafflen dünn verbreitet in einen Backofen bringen, welcher weder zu heiß, noch zu kalt seyn darf: ist ersteres, so bersten die Würmer, die noch nicht zu harten Puppen geworden seyn, lauffen aus, und machen die Seiden-Häuslein
fleckigt,

fleckigt; es kann auch durch die Wärme die äusserste Seide versenget werden, und sodann bey dem Abhaspeln öfters abreissen; ist der Ofen zu kalt, so werden die Puppen nicht getödtet, und folglich die Absicht nicht erreichet. Man hält demnach jene Hitze eines Backofens am zuträglichsten, welche er nach einer Stunde zu haben pfleget, als das Brod herausgenommen worden. Nach dieser Zeit kann man die Seiden-Häuslein dünn verbreitet hineinbringen, das Ofenloch zumachen, und ein Zugloch offen lassen, damit sich die Feuchtigkeit von denen Seiden-Häuslein dadurch hinausziehen kann. Auf diese Art werden sich die Würmer in den Seiden-Häuslein nach einer Zeit so heftig bewegen, daß man es vor dem Ofen hören kann. Wenn man nun nichts mehr hört, so läßt man sie noch eine Zeit darinnen, sodann nimmt man sie aus dem Ofen, die in den Seiden-Häuslein sich befindende Puppen werden vertrocknet seyn, und man hat sich vor dem Durchbeissen nicht mehr zu förchten; sodann werden sie verbreitet zum auskühlen gelegt, und in einem Ort aufbehalten, wo sie vor denen Mäusen sicher sind. Es ist zu merken, daß dergleichen in Oefen gedörrte Seiden-Häuslein sich nicht so leicht, als wie die in der Sonne getrocknete abhaspeln lassen, auch muß das Wasser bey dem abhaspeln weit heisser seyn.

§. 7.

Nun könnte ich noch etwas vom Seiden-Ziehen anführen, wenn es nur eines jeden Gelegenheit, der Seidenwürmer hält, mit sich brächte, auch die Seide abhaspeln zu lassen; da ich es aber als ein besonderes Nahrungs-Geschäfte ansehe, wobey man Brod verdienen kann, so will so lang damit zurückhalten, bis ich mehrere als bisher gewöhnliche Vortheile hierinnfalls vorzuschlagen weiß, ob ich mich gleich, wie bey der Seidenzucht eine Berechnung zu geben, und den dabey zu erwartenden Nutzen auszuweisen nicht ganz und gar unvermögend befindete.

Zweyter

Zweyter Abschnitt.

Zuverläßige Ausweisung, mit was für allgemeinem Nutzen und besonderm Gewinnst die Seidenzucht könne getrieben werden.

§. 1.

Mancher meiner Landsleute mit der schlechten Lebens-Art der Alten begnügt, möchte vermeinen, die Seidenzucht seye mehr zum Ueberfluß, als zur Nothdurft erfunden worden. Ich kann nicht verbergen, daß hierunter vor denen Augen desjenigen etwas wahres liege, welcher damit zufrieden seyn will, was die Nothdurft des Lebens erfordert, wer aber alles vernünftig überlegt, und zu bedenken beliebt, daß durch Vermehrung der Menschen in der Welt nicht wohl alle durch dergleichen Verrichtungen, die bloß die Nothdurft des Lebens erfordert, ihren zur Nothdurft erforderlichen Unterhalt finden können, wenn nicht zugleich einige unter denen Menschen wären, welche ihrer Bequemlichkeit halber weiter giengen, und das zu verbrauchen suchten, was andere ihres zur Nothdurft erforderlichen Unterhalts halber erfunden, und einzuführen gesucht haben, der wird deutlich begreiffen, daß eben dadurch andere auf eine bequeme Art finden, was sie zur Nothdurft brauchen, und in dieser Absicht, wie jeder seinen zum Leben nöthigen Unterhalt überkommen kann, scheint die Seidenzucht gar nicht zum Ueberfluß erfunden zu seyn, sondern zum gemeinen Besten ungemein nützlich zu fallen.

§. 2.

Nachdem eine hohe Landes-Regierung, welcher das gemeine Beste zu besorgen oblieget, die vielfältigen Verrichtungen, die erfordert werden, bis man Seide überkommt, in Erwegung gebracht, und gefunden hat, daß sich das Land zur Seidenzucht, ohne der übrigen Landwirthschaft einen Eintrag zu thun, tauglich befinde, daß denen brodlosen Unterthanen dadurch Gelegenheit zu ihrem nöthigen Unterhalt könne gegeben, und viele Landes-Innwohner glücklich gemacht werden, so war Hoch-Dieselbe wegen dessen Emporbringung schon durch einige Jahre her eifrigst bemühet. Die Unterthanen wurden durch öffentlich bekannt gemachte Versicherung der allerhöchsten Gnade dazu angefrischet, damit auch sie ihren Fleiß beytragen, und ein so wichtiges Nahrungs-Geschäfte mehr allgemein einzuführen verhülflich seyn möchten, um nach der Hand vieles, was daraus kann gemacht werden, zu verfertigen, und also dem Land sowohl durch innerlichen als auswärtigen Handel den völligen Nutzen davon verschaffen zu können.

§. 3.

Man findet die hocherleuchten Einsichten Einer Hohen Landes-Regierung (§. 2.) vollkommen

Zweyter Abschnitt. 61

kommen gegründet. Also können zur Zeit der Seidenzucht, wenn selbe in kleinen vertheilter um 6. bis 8. bis 12. Pfund Seide zu gewinnen vielfältig vorgenommen wird, viele menschliche Hände zu thun überkommen, und dadurch ihren zur Nothdurft erforderlichen Unterhalt finden. Es kan auch dieses ohne Eintrag der Landwirthschaft geschehen, weilen alte und junge Leute, besonders das weibliche Geschlecht, welche sämtlich für die Land-Arbeit zu schwach, ausgearbeitet, oder krüppelhaft seyn, dazu können genommen werden. Die Maulbeerbäume, davon der Seidenwurm seine Nahrung überkommt, können auch, ohne dem Ackerbau oder der Viehzucht einen Schaden zu thun, an Dämmungen, Mauren, Straßen, Wiesen, u. d. o. so viel als man braucht, angeleget werden. Und wer wird wohl in Abrede seyn, daß, wenn genugsame Seide im Land erzeuget wird, nicht verschiedenes daraus solle können verfertiget, und damit ein inn- und auswärtiger Handel getrieben werden.

§. 4.

Gemäß dem Vertrag, welchen Ihro K. K. Apostol. Majestät mit einigen zur Austrocknung der in hiesiger Gegend an der Etsch liegenden Mooßfeldungen versammleten Familien allergnädigst zu errichten geruhet, müßen diese vatterländisch denkende, dergleichen in den Kayserl. Königl. Erbländern noch bishero nicht haben können

können aufgewiesen werden, 100000. Maulber-Bäume auf denen Dämmungen und dasigen Feldungen pflanzen; nun will ich setzen, daß theils durch mildeste Austheilung einer Hohen Landes-Regierung, theils durch eigenen Fleiß der Unterthanen sich noch andere 100000. dergleichen Bäume in der herumliegenden Gegend befinden, folglich wird die einsmal zu unternehmende Seidenzucht in so weit bestehen können, als der Ertrag des Laubs dieser 200000. Bäume dazu hinreichlich seyn wird, und darnach der allgemeine Nutzen des Landes zu berechnen seyn; ein Nutzen, der vordem nicht im Land gewesen.

§. 5.

Gemeiniglich pflegt man eine Sache aus Hofnung des Gewinnstes zu unternehmen; wird diese einem abgesprochen, so vermindert sich das Verlangen darnach ungemein, oder verlieret sich wohl gar. Ich will im folgenden eine Rechnung versuchen, damit der Liebhaber zur Seidenzucht finden kann, was für einen Gewinnst er bey derselben zu erwarten habe. Der Versuch ist mit 1. Unze Eyer gemacht worden, er ist, ich muß es bekennen, gar nicht zum besten ausgefallen; allein zur Zeit, da man Lehrgeld giebet, kann die Sach noch nicht in ihrer Vollkommenheit erscheinen, und man ist jene Behutsamkeit, Sorge und Vorsicht anzuwenden nicht vermögend, die man in der Folge anzuwenden fähig wird. Ich hoffe also

also für dißmal zum Nutzen meines Mitbürgers genug zu thun, wenn ich aufrichtig meine Erfahrung anführe, und mir die Verbesserung vorbehalte. Man lasse sich nicht abschrecken, wenn man durch die Berechnung, so ich für heuriges Jahr zu geben vermögend bin, den gesuchten Gewinnst nicht finden sollte, seine Arbeit und aufgewandte Kosten wird man dabey doch nicht zu verlieren haben. Kurz: die Seidenzucht wird, wenn man sie nur in kleiner und nicht allzu grosser Menge hält, jederzeit ein leichtes, sicheres und vortheilhaftes Geschäfte bleiben.

§. 6.

Bevor ich eine Berechnung stelle, muß ich erinnern, daß sich keine solche geben läßt, die sich auf alle Zeiten, Oerter und Umstände schickete. Es dörfte also bey manchem anderst ausfallen, als wie ich es hier anführe, das wird aber meiner Berechnung nichts benehmen. Ich theile aufrichtig mit, wie ich es dem Ort und meinen Umständen nach befunden habe; sollte es ein anderer nicht so finden, so wird es ihme doch so viel dienen, daß er sich vorläuffig bey unternehmender Seidenzucht behelfen kann. Ein anders Jahr därfte ich eine Tabell verfertigen können, welche alles wesentliche enthält, was zur Seidenzucht erfordert wird; die Ausübende würden die ganze Verpflegung und Nutzens-Erfolg gleichsam mit einem Augenblick zu ihrer großen Bequemlichkeit täglich durchsehen können.

§. 7.

Zweyter Abschnitt.

§. 7.

Das erste, was bey der Seidenzucht in Anschlag zu bringen ist, sind die Eyer. Man muß selbe hier theuer kauffen; ich habe (C. 1.) gelehrt, wie man solche selbsten überkommen kann. Nun habe ich um einige Berechnung machen zu können, N. 5. Weiblein auf ein Papier gelegt, und jedes Papier mit einer besondern Nummer bezeichnet.

    N. 1. legte 102. Eyer
    N. 2.   59.
    N. 3.   365.
    N. 4.   210.
    N. 5.   410.
              1146. Eyer.

Woraus zu entnehmen, daß ein Weiblein eins ins andere gerechnet, ungefähr 229. Eyer legete. Von denen überkommenen fruchtbarn Eyern wägete ich $\frac{1}{4}$. Unzen ab; ich zählte die abgewogene Eyer, und es waren 9811. an der Zahl. Wenn nun so viele auf $\frac{1}{4}$. Unzen gehen, so wird man 39244. Eyer brauchen, um eine ganze Unze an Gewicht zu machen; dazu würden 344. Seiden-Häuslein erforderlich seyn, nämlich 172. Männlein und eben so jaele Weiblein. Es wägen aber 528. frische ungesonnte Seiden-Häuslein $2\frac{1}{4}$. Pfund. folglich 344. Seiden-Häuslein 1. Pfund. $8\frac{17}{44}$. Unzen. Da weiters das Pfund Seiden-Häuslein ein Jahr ins andere gerechnet wenigstens 30. wird können berechnet werden, so folgete, daß 344. Seiden-Häuslein, welche zur Erzeugung
                               1. Unzen

Zweyter Abschnitt.

1. Unzen Eyer erforderlich seyn, auf fl. —— 44¾.
zu stehen kommen würden, da man für die Mühe die leeren Seiden-Häuslein noch besonders überkommen thäte.

§. 8.

Das zweyte, so bey der Seidenzucht zu berechnen vorkommt, ist das Laub. Ich wollte gerne wissen, wie viel Laub ein Baum nach Verschiedenheit der Dicke seines Stammes ertrage, damit man sich einigermaßen behelfen, und vorhinein wissen könnte, wie viel beyläuffig Bäume von verschiedener Dicke zu einer gewissen Anzahl Würmer gehören, und ich habe gefunden, daß Bäume

von 6. Zoll im Umfang 2. Pf. Laub gegeben haben;
1. Schuh	4. Pfund
1⅕. Schuh	8. Pfund
2. Schuh	18. Pfund
2⅔. Schuh	28. Pfund
3. Schuh	40. Pfund;

Dickere Bäume hatte ich heuriges Jahr keine zu meiner Seidenzucht überkommen können. Nur muß ich erinnern, daß meine Bäume nicht von denen schönsten gewesen. Nun brauchte ich von der Zeit an, als die Eyer ausgebrütet worden sind, bis zum ersten Schlaf an Fütterung. 1. Pf. 6. Unz.

Vom ersten bis zum andern Schlaf	18. Pf. ——
Vom andern bis zum dritten	30. Pf. ——
Vom dritten bis zum vierten	150. Pf. ——
Vom vierten bis zum einspinnen	600. Pf. ——
	799. Pf. 6. Unz.

Das

Das Laub ist nicht vom besten gewesen, und nicht fleißig gepflücket, indem es viele Stengel und kleine Aestlein mit unter hatte, auch ist mit dem Laub mehr gepraßt, als gesparet worden. Nun rechnet man für 1. Centner Laub ungefähr fl. 1. kr. 6. welches für 799. Pf. 6. Unz. fl. 8. kr. 47½. machete. Für jedes Pfund zu pflücken zahlt man ¼. kr. das machet für 799. Pf. 6. Unz. fl. 3. kr. 20. folglich war mir das Laub mit dem pflücken auf fl. 12. kr. 7½. zu stehen gekommen.

§. 9.

Vom Anfang bis zum britten Schlaf hat eine Person die Würmer von einer Unzen Eyer zu füttern, unter eine Nummer zu bringen, und zu reinigen den ganzen Tag genugsame Arbeit. Ich will dazu 18. Täge rechnen, das Taglohn à kr. 9. macht   fl. 2. kr. 42

sodann will ich noch 14. Täge rechnen, daß die Würmer zubringen möchten, bis sie sich einspinnen, und für ihre Verpflegung täglich 2. Taglohn à kr. 9. ansetzen,   • 4:12

weiters will ich noch 6. Taglohn rechnen, die Würmer zum verspinnen, die Seiden-Häuslein gehörig zu sammlen, und alles auf seine Orte zu bringen,   •—:54

macht zusammen   •   fl. 7:48

Nun

Zweyter Abschnitt.

Nun will ich noch für nöthig Holz zum einheitzen, für Miethlohn vom Zimmer, für
gehörige Verzinsung des Gerüstwerkes,
und übrigem rechnen · fl. 11 : 54¾
dazu kommt (§. 8.) für das Laub und
dessen pflücken · · 12 : 7½
für die Eyer (§. 7.) · — : 44¾
Summa aller Ausgaben fl. 32 : 35

§. 10.

Nun habe ich gemäß meiner heurigen Ver-
suche von 1. Unzen Eyer nicht mehr als 17000.
Seiden-Häuslein gewonnen, da doch das Laub
für mehrere Würme fast bis zum Einspinnen verwendet worden, als um welche Zeit die meisten
darauf gegangen, auch die übrigen Ausgaben
gleich erfolget seyn, und von diesen 17000.
Seiden-Häuslein ungefähr der 10te Theil weiche,
lockerige und löchrige gewesen, so weiter zu nichts
als zur Flock-Seide zu gebrauchen waren, so
haben die übrigen guten, dichten und festen
Seiden-Häuslein nur 65. Pfund und 3. Unz. ge-
wogen, und sind am Werth nicht höher als
fl. 32. kr. 35. verkaufft worden, mithin würde es
auf solche Art mit denen Ausgaben (§. 9.) gleich
aufgehen, und alles gehörig bezahlet werden,
wenn es nämlich nicht nach Wunsch ablauffete,
und das Pfund Seiden-Häuslein auch in einem
Jahr, da überhaupt die Seide nicht geräth,
nur kr. 30. gerechnet würde; da aber in einem
solchen

solchen Jahr, wo die Würmer nicht gerathen, die Seiden-Häuslein auch theurer können an Mann gebracht werden, so folgete, daß allezeit nebst Bezahlung aller Unkosten und Bemühung ein Ueberschuß ausfallete, und Gewinnst verbliebe, wenn auch gleich dieses Unternehmen nicht am besten ausfallete, sondern man, aus was immer für einer Ursache, verunglücket würde.

§. 11.

Nun hoffe ich, meinen Mitbürgern zu etwas Anleitung gegeben zu haben, welches mit dem Nutzen des Vaterlandes so genau verbunden ist. Ich habe es so gut zu machen gesucht, als es meine jetzige Gelegenheit und eigene Erfahrung verstattete. Ich weiß wohl, daß man nichts unternehmen kann, so nicht getadlet wird; ich bescheide mich auch gar wohl, daß noch vieles theils zu verbessern, theils genauer zu untersuchen und zu bestimmen übrig bleibt: allein ich habe gethan, was ich gekonnt, und werde vollkommen vergnügt seyn, wenn ich auf einige Art nützlich gewesen bin.

ENDE.